CORNELIA SCHINHARL

NUDEL DICH GLÜCKLICH

DIE NEUESTEN REZEPTE VON TAGLIATELLETORTE BIS RAMEN-BURGER – WIDERSTAND ZWECKLOS!

CORNELIA SCHINHARL

NUDEL
DICH GLÜCKLICH

DIE NEUESTEN REZEPTE VON TAGLIATELLETORTE BIS RAMEN-BURGER – WIDERSTAND ZWECKLOS!

REZEPTFOTOGRAFIE: SHABNAM SHAMELI
PEOPLEFOTOGRAFIE: STEFAN HOBMAIER

DIE GU-QUALITÄTS-GARANTIE

Wir möchten Ihnen mit den Informationen und Anregungen in diesem Buch das Leben erleichtern und Sie inspirieren, Neues auszuprobieren. Bei jedem unserer Bücher achten wir auf Aktualität und stellen höchste Ansprüche an Inhalt, Optik und Ausstattung. Alle Rezepte und Informationen werden von unseren Autoren gewissenhaft erstellt und von unseren Redakteuren sorgfältig ausgewählt und mehrfach geprüft. Deshalb bieten wir Ihnen eine 100%ige Qualitätsgarantie.

Darauf können Sie sich verlassen:
Wir legen Wert darauf, dass unsere Kochbücher zuverlässig und inspirierend zugleich sind.
Wir garantieren:
- dreifach getestete Rezepte
- sicheres Gelingen durch Schritt-für-Schritt-Anleitungen und viele nützliche Tipps
- eine authentische Rezept-Fotografie

Wir möchten für Sie immer besser werden:
Sollten wir mit diesem Buch Ihre Erwartungen nicht erfüllen, lassen Sie es uns bitte wissen! Wir tauschen Ihr Buch jederzeit gegen ein gleichwertiges zum gleichen oder ähnlichen Thema um. Nehmen Sie einfach Kontakt zu unserem Leserservice auf. Die Kontaktdaten unseres Leserservice finden Sie am Ende dieses Buches.

GRÄFE UND UNZER VERLAG
Der erste Ratgeberverlag – seit 1722.

KV

6
DIE UNENDLICHEN WEITEN DER NUDEL
Alles, was du wissen musst …
über das Nudeluniversum:
von Sortenvielfalt bis Selbermachen

14
ALL TIME FAVORITES
Nudelklassiker mit dem gewissen Etwas …
und großer Fangemeinde: Maultaschen,
Mac & Cheese, Bolognese – alles dabei

36
LIEBLINGSNUDEL RELOADED
Bekanntes neu gedreht ...
und zwar so zum Beispiel: Lasagne als Eintopf,
Schinkennudeln in Kuchenform und
Tortellini gratiniert

64
❤ FOTO-LOVESTORY
Käsespätzle helfen immer!

88
FREAK OUT!
Nudeln you've never seen before ...
was sich jetzt endlich ändert:
Ramen-Burger, Spaghettipuffer, Pink Noodles
und mehr abgedreht Leckeres

134
❤ FOTO-LOVESTORY
Hunger macht erfinderisch!

144
GLOBETROTTER
Nudeln aus aller Welt ...
von Sopa de Fideos bis Juvetsi –
zum Fernwehstillen oder -anheizen,
ganz wie's beliebt

186
❤ FOTO-LOVESTORY
Ich nudel mich glücklich!

188
REGISTER
192
IMPRESSUM

DIE UNEND-LICHEN WEITEN der Nudel

Alles, was du wissen musst

BEST OF NUDELSORTEN

Ob kurz, lang, dick, dünn, gebogen oder gerade, ob aus Hartweizenmehl, mit oder ohne Ei, Linsen, Buchweizen oder Mais – viele Wege führen zum Nudelglück. Damit du dich auf Anhieb im Pastaregal zurechtfindest, gibt es hier einen kurzen Überblick über die Weiten des Nudelkosmos.

DOTTERGELB UND PASTA ITALIANA

Hierzulande ist man stolz auf seine Eiernudeln. Je mehr Ei, umso besser. Original italienische Pasta wird dagegen aus Hartweizenmehl, Salz und Wasser hergestellt. Und wenn es richtig gute ist, wird sie wie früher durch Bronzeformen gepresst. Dadurch bekommen die Nudeln eine leicht raue Oberfläche, die dafür sorgt, dass besonders viel Sauce an ihnen haften bleibt.

AROMANUDELN

Herkömmliche Nudeln sind dir auf Dauer zu langweilig? Dann wird es Zeit zu experimentieren. Ob mit Tomaten, Spinat, Tintenfischtinte oder sogar Rhabarber – Nudelhersteller haben schon viele Varianten erfunden. Ausprobieren lohnt sich, denn eine aromatisierte Nudel eröffnet mit jedem Saucen-Klassiker eine neue Geschmackswelt (s. S. 106). Aromanudeln musst du übrigens nicht zwingend kaufen: Wenn du deinen Nudelteig selber herstellst, kannst du ihn auch ganz leicht würzen und ihm somit wahlweise eine frische, scharfe oder herbstliche Note verleihen (s. S. 12).

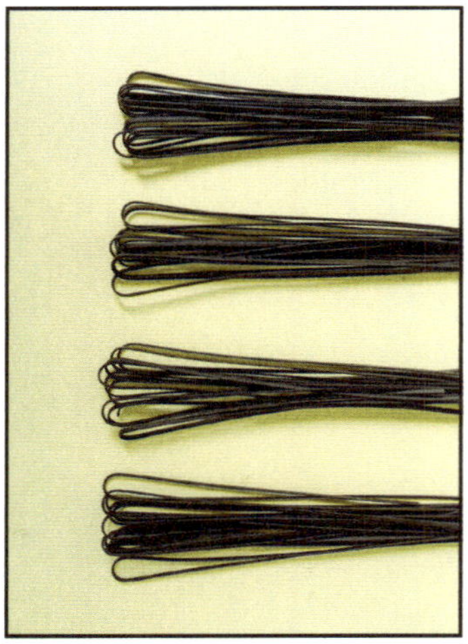

LINSEN, BOHNEN, KICHERERBSEN UND CO.

Aus roten, gelben oder grünen Linsen, Kichererbsen, schwarzen Bohnen und Sojabohnen gibt es immer mehr Nudeln! Besonders gut vertragen sie sich mit mediterranen Gemüsesaucen oder mit indischen und asiatischen Aromen (s. S. 100 oder S. 122). Ein Tipp zur Portionsmenge: Pasta aus Hülsenfrüchten geht beim Kochen stärker auf als normale Weizennudeln. Es reichen ca. 75 g pro Person.

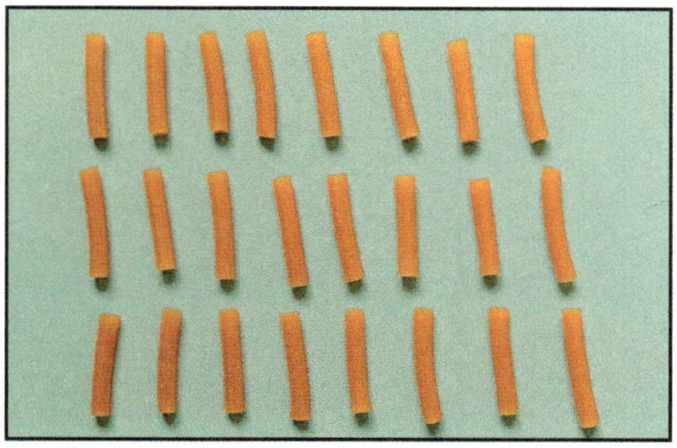

BUCHWEIZENNUDELN

Buchweizen ist ein Kraftpaket an Nährstoffen, glutenfrei und mit seiner leicht nussigen Note äußerst aromatisch. Das haben auch viele Nudelhersteller erkannt, denn inzwischen gibt es immer mehr reine Buchweizennudeln im Handel. Aus einem Teiggemisch mit Weizen gibt es sie schon länger, z. B. die italienischen Pizzoccheri-Nudeln und die Schweizer Pizokel (s. S. 149). Die feinen japanischen Soba-Nudeln (s. S. 182), die auch außerhalb Asiens äußerst beliebt sind, werden je nach Qualität auch aus reinem Buchweizen angeboten.

MAIS, QUINOA UND CO.

Ganz aus Maismehl, aus Maismehl mit Reismehl gemischt oder auch aus einer Mischung aus Mais, Reis und Quinoa – das sind neben den Buchweizennudeln die Gewinner in Sachen glutenfreie Nudeln. Angeboten werden sie zumeist als Fusilli, Penne oder Tagliatelle. Neben ihrem aromatischen Geschmack bestechen die Maisnudeln außerdem durch ihre sattgelbe Farbe (s. S. 51).

NOCH MEHR NUDELSORTEN

Auch in Asien ist man verrückt nach den nudeligen Begleitern. Egal ob gebraten, frittiert oder in der Suppe – du bekommst sie dort an jeder Ecke. Doch nicht überall, wo Nudel draufsteht, ist auch Nudel drin. Lecker sind sie jedoch alle, ein Blick über den Pasta… äh Tellerrand lohnt sich!

GLASNUDELN UND REISNUDELN

In China liebt man die hauchdünnen Glasnudeln, die aus Mungobohnenmehl hergestellt werden. Man muss sie nur kurz einweichen und kann sie sogar frittieren (s. S. 178). Reisnudeln aus gemahlenem Reis und Wasser gibt es spaghettidünn, linguineschmal oder richtig breit wie Tagliatelle. Die fast durchsichtigen Nudeln werden beim Garen weiß.

ANDERE ASIANUDELN

Weizennudeln mit oder ohne Ei sind in Asien der Hit, denn sie verheißen Glück und ein langes Leben. Mie-Nudeln sind schön gedreht und meist schon vorgegart. Japanische Ramen-Nudeln sind vor allem durch die gleichnamige Suppe bekannt geworden, schmecken aber auch in anderen Gerichten (s. S. 92). Doch aufgepasst: Ramen-Nudeln sind in vielen Instant-Nudelpackungen drin. Und wenn du beim Einkauf nicht genau hinschaust, hast du plötzlich ein schon gewürztes Nudelpäckchen zu Hause. Die ebenfalls japanischen Udon-Nudeln sind etwas dicker und cremeweiß.

SHIRATAKI-SPAGHETTI

In nur 1 Minute gar und als Low Carb und äußerst kalorienarm angepriesen, sind diese weißen Nudeln online und im Bioladen zu haben. Sie werden aus Konjak hergestellt, dem Mehl der getrockneten Teufelszunge, die in den Tropen gedeiht. Shirataki-Nudeln haben einen speziellen Geruch, deshalb sollte man sie vor dem Garen gründlich waschen. Am besten schmecken sie asiatisch zubereitet.

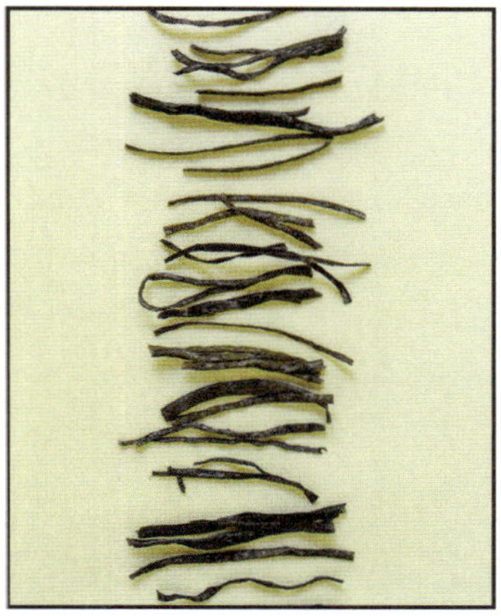

ALGENNUDELN

Algennudeln sind nicht nur lecker und hübsch anzuschauen, sondern auch gesund: Sie haben nur wenige Kalorien, sind glutenfrei, vegan und besonders mineralstoffreich. Sie werden in leicht gesalzenem Wasser abgepackt oder getrocknet angeboten und können roh oder kurz gegart zubereitet werden – am besten schmecken sie mit asiatisch gewürztem Gemüse. Mit Nudeln im herkömmlichen Sinn haben sie allerdings nichts gemein. Und wer auf Jod verzichten sollte, darf keine Algennudeln essen, denn sie enthalten recht viel davon.

GEMÜSENUDELN

»Nudeln« aus Zucchini und Möhren gibt es inzwischen in manchen Supermärkten schon fertig geschnitten und abgepackt im Kühlregal. Gemüsenudeln lassen sich aber auch ganz einfach selbst herstellen, und zwar aus allen erdenklichen Sorten wie Pastinake, Süßkartoffel, Kürbis oder Rettich (s. S. 77, S. 96, S. 112 und S. 114). Einfach das Gemüse putzen, schälen und mit Spiralschneider oder Sparschäler in die gewünschte Form bringen.

NUDELN SELBER MACHEN

300 g Mehl
Salz
3 Eier (L)
1 EL Olivenöl

AUSSERDEM:
Mehl zum Arbeiten
Nudelmaschine

FÜR 500 G NUDELN
ZUBEREITUNGSZEIT:
30 MIN.
RUHEZEIT:
30 MIN.
PRO 100 G
CA. 280 KCAL,
11 G E, 7 G F, 45 G KH

1 Das Mehl mit 1 TL Salz vermengen, dann Eier und Öl untermischen. Auf der bemehlten Arbeitsfläche gründlich verkneten, dabei den Teig immer wieder mit den Handballen flach drücken, zusammenklappen, leicht drehen und erneut flach drücken. Wird er nicht elastisch, tropfenweise Wasser unterarbeiten. Klebt er an den Fingern, noch mehr Mehl zugeben. Den Teig so lange kneten, bis er glatt ist und seidig glänzt. Dann zu einer Kugel formen, in ein Küchentuch wickeln und bei Zimmertemperatur ca. 30 Min. ruhen lassen.

2 Den Teig in 3–4 Portionen zu Nudelplatten formen. Währenddessen bleibt der restliche Teig im Tuch, damit er nicht austrocknet. Die Nudelmaschine zunächst auf die weiteste Walzenöffnung stellen und den Teig durchdrehen. Die langen Seiten jeweils zu einem Drittel nach innen klappen. Das Teigstück mit der offenen Seite nach oben wieder durch die Walze drehen. So oft wiederholen, bis die Teigplatte glatt wird. Die Teigplatte mit Mehl bestäuben und langsam bei immer enger gestellter Walzenöffnung durchlaufen lassen, bis sie dünn genug ist. Fertige Platten auf die Arbeitsfläche legen und antrocknen lassen. Wenn alle Portionen zu Platten geformt sind, diese mit der Nudelmaschine oder per Hand in die gewünschte Form schneiden.

3 Damit die Nudeln beim Kochen nicht kleben, mit den Fingerspitzen lockern und zwischendurch auf die Arbeitsfläche fallen lassen. Gleich kochen oder auf bemehlten Küchentüchern noch etwas ruhen lassen. Dann zwischendurch wenden. Frische Nudeln werden in kochendem Salzwasser in 2–3 Min. gar, getrocknete oder angetrocknete brauchen etwas länger – am besten zwischendurch probieren.

❤ WÜRZ DEN NUDELTEIG

Du kannst deine selbst gemachten Nudeln nach Gusto aromatisieren: Wie wär's beispielsweise mit der fein gehackten Schale von 1 Bio-Zitrone, mit 1 TL fein gemörserten Chiliflocken oder mit 5 g getrockneten, fein gehackten Steinpilzen?

ALL TIME FAVORITES mit Clou

Nudelklassiker mit dem gewissen Etwas

RAGÙ ALLA BOLOGNESE

1 kleine Zwiebel
1 Knoblauchzehe
1 Möhre
1 Stange Staudensellerie
50 g Pancetta
1 EL Butter
200 g gemischtes Hackfleisch
150 g geschälte Tomaten (Dose)
200 ml Fleischbrühe
Salz
Pfeffer
1 Schuss Milch
200 g Tagliatelle

AUSSERDEM:
30 g Parmesan

FÜR 2 PERSONEN
ZUBEREITUNGSZEIT:
20 MIN.
GARZEIT:
1 STD. 30 MIN.
PRO PORTION
CA. 855 KCAL,
45 G E, 40 G F, 80 G KH

1 Zwiebel, Knoblauch und Möhre schälen und sehr klein würfeln. Den Sellerie waschen, putzen und in feine Würfel schneiden. Den Pancetta ebenfalls klein würfeln.

2 Die Butter in einem Topf zerlassen. Zwiebel, Knoblauch und Gemüse darin unter Rühren bei mittlerer Hitze 2–3 Min. andünsten. Den Pancetta untermischen, dann das Hack zugeben und unter Rühren braun und krümelig braten.

3 Die Tomaten klein schneiden und mit der Brühe in den Topf geben. Alles leicht salzen und pfeffern und offen bei schwacher bis mittlerer Hitze mindestens 1 Std. 30 Min., besser noch länger bis zu 3 Std. schmoren. Ab und zu umrühren und bei Bedarf noch etwas Wasser zugeben. Die Milch einrühren und die Sauce noch kurz weiterköcheln lassen. Mit Salz und Pfeffer abschmecken.

4 Die Tagliatelle in reichlich kochendem Salzwasser nach Packungsanweisung bissfest garen, währenddessen den Parmesan fein reiben. Die Nudeln abgießen und mit der Sauce auf Teller verteilen. Mit Parmesan bestreut servieren.

❤ DER »NUDEL DICH GLÜCKLICH«-CLOU
Die Milch macht's! Denn sie sorgt für die feine Sämigkeit der Sauce. Die Idee dazu stammt aus dem Originalrezept aus Bologna.

SPEED REZEPT

SPAGHETTI ALLA CARBONARA

80 g Guanciale (ungeräucherter, luftgetrockneter Speck aus der Schweinebacke, italienischer Feinkostladen, ersatzweise Pancetta oder Frühstücksspeck)
200 g Spaghetti
Salz
40 g Pecorino (am besten Pecorino romano)
1 frisches Ei (L)
Pfeffer

FÜR 2 PERSONEN
ZUBEREITUNGSZEIT:
20 MIN.
PRO PORTION
CA. 615 KCAL,
25 G E, 25 G F, 70 G KH

1 Den Guanciale zuerst in dünne Scheiben, dann in ca. 5 cm lange und 1 cm breite Streifen schneiden.

2 Für die Spaghetti reichlich Salzwasser zum Kochen bringen. Die Nudeln darin nach Packungsanweisung knapp bissfest garen. Inzwischen den Pecorino reiben. Das Ei verquirlen und mit der Hälfte des geriebenen Käses mischen.

3 Den Guanciale in einer Pfanne bei mittlerer Hitze auslassen. Sobald er beginnt knusprig zu werden, 2–3 EL Pastakochwasser zugeben, damit der Speck nicht hart wird.

4 Eine Schöpfkelle Nudelkochwasser abnehmen und beiseitestellen. Die Spaghetti abgießen und zum Guanciale in die Pfanne geben. Esslöffelweise Kochwasser zugeben und alles unter Rühren weitere 2 Min. garen. Falls die Mischung zu trocken wird, nach und nach mehr Kochwasser untermengen.

5 Die Pfanne vom Herd ziehen und die Eiermischung unter die heiße Pasta rühren. Die Spaghetti alla carbonara auf vorgewärmte Teller verteilen und mit reichlich Pfeffer bestreut servieren. Den restlichen Pecorino dazu reichen.

❤ DER »NUDEL DICH GLÜCKLICH«-CLOU
Der italienische Guanciale in der Sauce sorgt für einen unvergleichlichen Geschmack, der dich direkt nach Rom katapultiert.

ERBSEN-SCHINKEN-SAHNESAUCE

1 kleine weiße Zwiebel
70 g gekochter Schinken in dünnen Scheiben
½ Bio-Zitrone
½ Bund Petersilie
40 g Parmesan
Salz
200 g Tagliatelle
1 EL Butter
150 g gepalte Erbsen (frisch oder TK)
50 ml trockener Weißwein
100 g Sahne
Pfeffer

FÜR 2 PERSONEN
ZUBEREITUNGSZEIT: 30 MIN.
PRO PORTION CA. 740 KCAL, 30 G E, 30 G F, 80 G KH

1 Die Zwiebel schälen und fein hacken. Den Schinken in feine Streifen schneiden. Die Zitronenhälfte heiß abwaschen, abtrocknen und ca. 1 cm Schale ohne das bittere Weiße abschneiden. Die Petersilie waschen und trocken schütteln. Die Blättchen abzupfen und mit der Zitronenschale sehr fein hacken. Den Parmesan fein reiben.

2 Reichlich Salzwasser zum Kochen bringen. Die Tagliatelle darin nach Packungsanweisung bissfest garen. Währenddessen die Butter in einem Topf zerlassen. Zwiebel und Erbsen darin unter Rühren bei mittlerer Hitze 2–3 Min. andünsten. Den Schinken kurz mitdünsten, alles mit Weißwein ablöschen und offen bei schwacher Hitze ca. 5 Min. köcheln lassen.

3 Die Sahne angießen und 1–2 Min. bei starker Hitze einkochen lassen. Die Petersilien-Zitronen-Mischung und die Hälfte vom Parmesan unterrühren, bis der Käse geschmolzen ist. Die Sauce mit Salz und Pfeffer abschmecken.

4 Die Nudeln in einem Sieb gut abtropfen lassen, mit der Sauce mischen und auf vorgewärmte Teller verteilen. Mit dem restlichen Käse bestreuen und servieren.

❤ DER »NUDEL DICH GLÜCKLICH«-CLOU

Dank der Zitronenschale erhält die Sauce einen ordentlichen Frischekick. In Kombination mit Erbsen und Schinken unschlagbar gut!

CANNELLONI MIT SPINAT-RICOTTA-FÜLLUNG

FÜR DIE CANNELLONI:
300 g Blattspinat
Salz
75 g Parmesan
250 g Ricotta
1 Ei (M)
Pfeffer
8 Cannellonirollen (ohne Vorkochen, ca. 120 g)
½ EL Butter

FÜR DIE SAUCE:
½ EL Butter
½ EL Mehl
300 ml Milch
2 TL Tomatenmark
Salz
Pfeffer

AUSSERDEM:
Spritzbeutel
Auflaufform (ca. 15 × 25 cm)
1 Stängel Basilikum

FÜR 2 PERSONEN
ZUBEREITUNGSZEIT:
45 MIN.
BACKZEIT:
30 MIN.
PRO PORTION
CA. 810 KCAL,
45 G E, 45 G F, 55 G KH

1 Für die Cannelloni den Spinat waschen, verlesen und alle dicken Stiele entfernen. Salzwasser in einem Topf zum Kochen bringen und den Spinat darin 1–2 Min. blanchieren, bis er zusammenfällt. In einem Sieb kalt abschrecken und abtropfen lassen. Zusätzlich gut ausdrücken und fein hacken.

2 Den Parmesan fein reiben. 25 g beiseitestellen, den übrigen Parmesan mit Ricotta und Ei verrühren. Den Spinat untermischen und die Füllung mit Salz und Pfeffer abschmecken.

3 Für die Sauce die Butter in einem kleinen Topf schmelzen, das Mehl darin anschwitzen. Unter ständigem Rühren nach und nach die Milch dazugießen. Die Sauce bei mittlerer Hitze ca. 10 Min. köcheln lassen. Das Tomatenmark unterrühren und die Sauce mit Salz und Pfeffer abschmecken.

4 Den Backofen auf 200° vorheizen. Die Ricottamasse am besten mithilfe eines Spritzbeutels oder mit einem kleinen Löffel in die Cannellonirollen füllen. Die gefüllten Rollen nebeneinander in die Auflaufform legen, mit Sauce bedecken und mit dem beiseitegestellten Parmesan bestreuen. Die Butter in Flöckchen schneiden und obenauf verteilen. Die Cannelloni im heißen Ofen (Mitte) ca. 30 Min. backen, bis sie weich sind und die Oberfläche gebräunt ist. Kurz stehen lassen, dann mit Basilikum servieren.

❤ DER »NUDEL DICH GLÜCKLICH«-CLOU
Die Füllung aus frischem Blattspinat schmeckt sehr aromatisch – außerhalb der Saison kannst du aber auch TK-Spinat verwenden.

NUDELSUPPE

FÜR DIE BRÜHE:
500 g Suppenknochen vom Rind
600 g Suppenfleisch vom Rind
Salz
1 Möhre
1 Stück Knollensellerie (ca. 200 g)
1 Stange Lauch
1 Zwiebel
1 Lorbeerblatt

FÜR DIE NUDELSUPPE:
75 g Buchstabennudeln
Salz
2 Möhren
2 Frühlingszwiebeln
100 g TK-Erbsen
150 g gegartes Roastbeef
(fertig gekauft, ersatzweise Fleisch von der Brühe)
4 Stängel Petersilie
Pfeffer

FÜR 2 PERSONEN
ZUBEREITUNGSZEIT:
30 MIN.
GARZEIT:
2 STD.
PRO PORTION
CA. 285 KCAL,
25 G E, 5 G F, 35 G KH

1 Für die Brühe die Suppenknochen mit 2 l Wasser aufkochen. Das Suppenfleisch zugeben, kräftig salzen und bei schwacher Hitze ca. 1 Std. sieden lassen. Möhre, Sellerie, Lauch und Zwiebel schälen oder waschen, putzen, grob zerkleinern und mit dem Lorbeerblatt in den Topf geben. 1 weitere Std. garen. Das Fleisch herausnehmen und anderweitig oder statt des Roastbeefs verwenden. Die Brühe abseihen, auffangen und mit Salz abschmecken. 500 ml für die Suppe abmessen und beiseitestellen, den Rest portionsweise einfrieren.

2 Für die Nudelsuppe die Buchstabennudeln in kochendem Salzwasser nach Packungsanweisung bissfest garen. In einem Sieb kalt abschrecken und abtropfen lassen.

3 Die Möhren schälen und in dünne Scheiben schneiden. Die Frühlingszwiebeln waschen, putzen und mit dem Grün in feine Ringe schneiden. Ein paar grüne Frühlingszwiebelringe beiseitelegen.

4 Die beiseitegestellte Brühe in einem Topf aufkochen. Möhren und Erbsen darin bei mittlerer Hitze in ca. 4 Min. bissfest garen. Inzwischen das Roastbeef in Streifen schneiden. Die Petersilie abbrausen, trocken schütteln und die Blättchen hacken. Die Frühlingszwiebelringe mit dem Fleisch und den Nudeln in die Brühe geben und alles 1–2 Min. weiterköcheln lassen. Die Suppe mit Salz und Pfeffer abschmecken und mit den restlichen grünen Frühlingszwiebelringen und der Petersilie bestreut servieren.

DER »NUDEL DICH GLÜCKLICH«-CLOU
Die selbst gekochte Brühe macht die Nudelsuppe zum absoluten Hit! Du glaubst, der Aufwand lohnt sich nicht? Doch! Weil die Brühe super schmeckt, du den Rest portionsweise einfrieren kannst und sich aus dem Suppenfleisch z. B. ein leckerer Salat zaubern lässt. Wenn es mal ganz schnell gehen muss – aber auch nur dann –, kannst du ersatzweise gekaufte Fleisch-, Hühner- oder Gemüsebrühe verwenden.

NUDELSALAT

FÜR DEN SALAT:
125 g Hörnchennudeln (Cornetti)
Salz
100 g gekochter Schinken
in dünnen Scheiben
100 g Bergkäse
1 kleine Gurke (ca. 150 g)
100 g Kirschtomaten
1 Bund Schnittlauch

FÜR DAS DRESSING:
1½ EL Mayonnaise
1½ EL saure Sahne
1½ EL Weißweinessig
½ TL scharfer Senf
1 EL neutrales Öl
Salz
Pfeffer

FÜR 2 PERSONEN
ZUBEREITUNGSZEIT:
25 MIN.
PRO PORTION
CA. 670 KCAL,
35 G E, 35 G F, 50 G KH

1 Für den Salat die Hörnchennudeln in reichlich kochendem Salzwasser nach Packungsanweisung bissfest garen. In einem Sieb kalt abschrecken und gründlich abtropfen lassen.

2 Während die Nudeln kochen, Schinken und Käse in kleine Würfel schneiden. Die Gurke nach Belieben schälen oder waschen und der Länge nach halbieren. Die Kerne mit einem Teelöffel herauskratzen und das Fruchtfleisch 1 cm groß würfeln. Die Tomaten waschen und vierteln. Den Schnittlauch waschen, trocken schütteln und in feine Röllchen schneiden.

3 Für das Dressing in einer großen Schüssel Mayonnaise, saure Sahne, Weißweinessig, Senf und Öl gründlich verrühren und mit Salz und Pfeffer würzen.

4 Nudeln, Schinken, Käse, Gurke, Tomaten und Schnittlauch unterheben und den Nudelsalat erneut abschmecken. Entweder gleich servieren oder noch ein bisschen im Kühlschrank durchziehen lassen.

❤ DER »NUDEL DICH GLÜCKLICH«-CLOU
Durch das knackige Gemüse und die leichte Mayo schmeckt der Nudelsalat schön frisch. Wenn du ihn am liebsten wie früher und etwas üppiger magst: Heiße Wiener Würstchen dazu essen!

KÄSESPÄTZLE

FÜR DIE SPÄTZLE:
200 g Mehl
Salz
2 Eier (M)
100 ml Mineralwasser
mit Kohlensäure

FÜR DAS TOPPING:
125 g Allgäuer Bergkäse
(am besten junger und alter gemischt)
1 große Zwiebel
1 EL Butter
Salz

AUSSERDEM:
Spätzlehobel
Auflaufform (ca. 18 × 18 cm)
2 Stängel Schnittlauch

FÜR 2 PERSONEN
ZUBEREITUNGSZEIT:
45 MIN.
BACKZEIT:
10 MIN.
PRO PORTION
CA. 730 KCAL,
35 G E, 30 G F, 75 G KH

1 Für die Spätzle das Mehl mit 1 gehäuften TL Salz in einer Schüssel mischen. Die Eier und das Mineralwasser zugeben und alles zu einem weichen, zähen Teig verrühren, der leicht reißend vom Löffel fällt. Den Teig ca. 30 Min. ruhen lassen.

2 Inzwischen für das Topping den Bergkäse ggf. entrinden und reiben. Die Zwiebel schälen und in dünne Ringe schneiden. In einer Pfanne die Butter zerlassen. Die Zwiebelringe zugeben, salzen und bei mittlerer Hitze in ca. 5 Min. weich dünsten. Dann die Temperatur erhöhen und die Zwiebel ca. 5 Min. weitergaren, bis sie gebräunt ist.

3 In einem großen Topf reichlich Salzwasser zum Kochen bringen. Den Teig durch den Spätzlehobel ins kochende Wasser geben. Die Spätzle einmal aufkochen lassen, dann mit dem Schaumlöffel aus dem Wasser heben. In einem Sieb kalt abschrecken.

4 Den Backofen auf 200° vorheizen. Die gegarten Spätzle abwechselnd mit dem geriebenen Käse in die Auflaufform schichten. Die Zwiebelringe darauf verteilen. Die Spätzle für ca. 10 Min. in den heißen Ofen (Mitte) schieben, bis der Käse geschmolzen ist. Inzwischen den Schnittlauch waschen, trocken schütteln und in 1 cm lange Röllchen schneiden. Die Spätzle kurz stehen lassen, dann mit Schnittlauch bestreuen und servieren.

❤ DER »NUDEL DICH GLÜCKLICH«-CLOU
Der original Allgäuer Bergkäse im Spätzle-Topping sorgt für einen unschlagbar aromatischen Geschmack.

SCHWÄBISCHE MAULTASCHEN

FÜR DEN TEIG:
100 g Mehl
Salz
1 Eigelb (M)
2 TL neutrales Öl

FÜR DIE FÜLLUNG:
100 g Blattspinat
Salz
1 Scheibe Weißbrot (ca. 20 g)
1 dünne Scheibe durchwachsener Speck (ca. 20 g)
1 kleine Zwiebel
½ Bund Petersilie
2 TL Butter
100 g gemischtes Hackfleisch
100 g Kalbsbrät
1 Eiweiß (M)
Salz
Pfeffer
frisch geriebene Muskatnuss

AUSSERDEM:
Mehl zum Arbeiten
1 große Zwiebel
½ EL Butter
½ EL neutrales Öl

FÜR 2 PERSONEN
ZUBEREITUNGSZEIT:
1 STD. 30 MIN.
PRO PORTION
CA. 710 KCAL,
30 G E, 40 G F, 55 G KH

1 Für den Teig das Mehl mit 1 TL Salz vermischen. Eigelb, Öl und ca. 4 EL Wasser zugeben und alles glatt kneten. Den Teig in ein Küchentuch wickeln und bei Zimmertemperatur ca. 30 Min. ruhen lassen.

2 Inzwischen für die Füllung den Spinat waschen, verlesen und in kochendem Salzwasser 1–2 Min. blanchieren. In einem Sieb kalt abschrecken und gut ausdrücken. Den Spinat sehr fein hacken. Das Brot mit lauwarmem Wasser bedecken. Den Speck fein würfeln. Die Zwiebel schälen und fein hacken. Die Petersilie waschen, trocken schütteln und die Blättchen fein hacken, 1–2 TL beiseitestellen.

3 Die Butter zerlassen. Zwiebel und Speck bei schwacher Hitze glasig dünsten. Petersilie untermischen und alles abkühlen lassen. Das Brot ausdrücken, zerpflücken und mit Hack, Brät, Spinat, Zwiebelmischung und Eiweiß verkneten. Mit Salz, Pfeffer und Muskat würzen.

4 Den Teig auf der bemehlten Arbeitsfläche so dünn wie möglich ausrollen und in ca. 7 × 15 cm große Rechtecke schneiden. Auf einer Seite jeweils ca. ¾ EL Füllung verteilen, den Teig darüberklappen und die Ränder mithilfe einer Gabel gut zusammendrücken.

5 Die Maultaschen in reichlich kochendem Salzwasser in ca. 10 Min. bei mittlerer Hitze garen. Inzwischen die Zwiebel schälen und in Ringe schneiden. Butter und Öl in einer Pfanne zerlassen und die Zwiebelringe darin bei mittlerer Hitze ca. 10 Min. braten, bis sie leicht gebräunt sind. Die Maultaschen mit dem Schaumlöffel auf Teller verteilen. Mit Zwiebelringen und Petersilie servieren.

❤ DER »NUDEL DICH GLÜCKLICH«-CLOU
Spinat und Brät geben der Füllung den extra Kick.

MAC & CHEESE

FÜR DIE SAUCE:
30 g Butter
15 g Mehl
250 ml Milch
Salz
Pfeffer
½ TL Senfpulver
1 TL edelsüßes Paprikapulver
Chilipulver (nach Belieben)

FÜR DIE NUDELN:
150 g kurze Makkaroni (ersatzweise Hörnchennudeln)
Salz
150 g Cheddar
50 g Parmesan

FÜR DAS TOPPING:
20 g Butter
3 EL Semmelbrösel
1 Knoblauchzehe

AUSSERDEM:
Auflaufform (ca. 20 × 20 cm)
2 Stängel Schnittlauch

FÜR 2 PERSONEN
ZUBEREITUNGSZEIT:
30 MIN.
BACKZEIT:
30 MIN.
PRO PORTION
CA. 1055 KCAL,
45 G E, 60 G F, 80 G KH

1 Für die Sauce die Butter in einem kleinen Topf schmelzen. Das Mehl einrühren und goldgelb anschwitzen. Unter stetigem Rühren nach und nach die Milch zugießen, bis die Sauce eindickt. Mit Salz, Pfeffer, Senfpulver, Paprika- und Chilipulver würzen und offen bei mittlerer Hitze ca. 10 Min. köcheln lassen. Immer wieder umrühren, damit nichts ansetzt.

2 Inzwischen für die Nudeln reichlich Salzwasser zum Kochen bringen. Die Makkaroni hineingeben und nach Packungsanweisung knapp bissfest garen. Wenn sie zu lange kochen, werden sie später im Ofen zu weich. Den Cheddar raspeln, den Parmesan reiben. Den Backofen auf 180° vorheizen.

3 Die Makkaroni abgießen und abtropfen lassen, dann noch warm mit dem Käse und der Sauce verrühren. Die Nudeln abschmecken, dabei erst einmal vorsichtig salzen, weil der Käse bereits recht salzig ist. Die Nudel-Käse-Mischung in der Form verteilen.

4 Für das Topping die Butter in einer Pfanne schmelzen. Die Semmelbrösel einrühren und bei mittlerer Hitze goldgelb rösten. Den Knoblauch schälen, dazupressen und unterrühren. Die Brösel sofort vom Herd ziehen und gleichmäßig auf den Käsenudeln verteilen. Den Mac & Cheese im heißen Ofen (Mitte) ca. 30 Min. backen, bis die Oberfläche schön gebräunt ist. Inzwischen den Schnittlauch waschen, trocken schütteln und in 3 cm lange Stücke schneiden. Den Auflauf kurz stehen lassen, dann mit Schnittlauch servieren.

DER »NUDEL DICH GLÜCKLICH«-CLOU
Die Extraportion Käse und der Knoblauch in den Semmelbröseln machen bei diesem Mac & Cheese jeden Widerstand zwecklos.

GEBRATENE NUDELN MIT TOFU UND SESAM

FÜR DIE NUDELN:
125 g asiatische Eiernudeln
125 g Tofu
1 EL helle Sojasauce
1 kleine rote Paprika
3 EL neutrales Öl
1 EL Sesam

FÜR DAS TOPPING:
1 kleine Gurke (ca. 150 g)
½ kleine Limette
2 TL Sesamöl
½ TL Sambal Oelek
Salz
1 Handvoll Koriandergrün

FÜR DIE WÜRZSAUCE:
2 Knoblauchzehen
1 Stück frischer Ingwer (ca. 2 cm)
2 EL Reiswein
2 TL Tahin (Sesampaste)
2 TL brauner Reisessig
1 TL brauner Zucker
Salz

FÜR 2 PERSONEN
ZUBEREITUNGSZEIT:
35 MIN.
PRO PORTION
CA. 580 KCAL,
20 G E, 30 G F, 55 G KH

1 Die Eiernudeln nach Packungsanweisung bissfest garen. In einem Sieb kalt abschrecken und abtropfen lassen. Den Tofu ebenfalls abtropfen lassen und in knapp 1 cm große Würfel schneiden. Mit der Sojasauce mischen. Die Paprika halbieren, weiße Trennwände und Kerne entfernen, die Hälften waschen und in feine Streifen schneiden.

2 Für das Topping die Gurke schälen und der Länge nach halbieren. Die Kerne mit einem Teelöffel herauskratzen, das Fruchtfleisch in feine Würfel schneiden. Die Limettenhälfte auspressen, den Saft mit Sesamöl und Sambal Oelek verrühren und leicht salzen. Die Gurkenwürfel untermischen. Das Koriandergrün abbrausen, trocken schütteln und die Blättchen etwas kleiner zupfen.

3 Für die Würzsauce Knoblauch und Ingwer schälen, grob hacken und mit 2 EL Wasser, Reiswein, Tahin, Reisessig, Zucker und etwas Salz fein pürieren.

4 2 EL Öl in einer großen Pfanne oder einem Wok erhitzen. Sesam einrühren und rösten, bis er anfängt zu springen. Mit einem Schaumlöffel herausheben und beiseitestellen. Dann die Nudeln im heißen Öl unter Rühren braten, bis sie leicht knusprig sind. Ebenfalls wieder herausnehmen. Das restliche Öl zugeben, den Tofu einrühren und knusprig braten. Die Paprika zufügen und unter Rühren 1–2 Min. mitgaren. Die Nudeln mit der Würzsauce wieder zugeben und erhitzen. Sesam untermischen und alles mit Salz abschmecken. Die Nudeln auf Schälchen verteilen und mit Gurke und Koriander servieren.

❤ DER »NUDEL DICH GLÜCKLICH«-CLOU
Heiße, knusprige Nudeln treffen auf kaltes, frisches Gurkentatar – einfach unvergleichlich lecker.

LIEBLINGS-
NUDEL
reloaded

Bekanntes neu
gedreht

LASAGNE-EINTOPF

FÜR DEN EINTOPF:
1 Stange Staudensellerie
1 kleine Möhre
1 Zwiebel
2 Knoblauchzehen
2 EL Olivenöl
150 g Lammhackfleisch (türkisches Geschäft)
1 Dose stückige Tomaten (400 g)
125 ml trockener Rotwein
250 ml Gemüsebrühe
Salz
Pfeffer
¼ TL Zimtpulver
175 g frischer Nudelteig (selbst gemacht, s. S. 12, oder aus dem Kühlregal, ersatzweise ca. 100 g getrocknete Lasagneplatten)

FÜR DEN SCHNITTLAUCHRAHM:
1 Bund Schnittlauch
100 g saure Sahne
Salz
Pfeffer

FÜR 2 PERSONEN
ZUBEREITUNGSZEIT:
35 MIN.
PRO PORTION
CA. 705 KCAL,
30 G E, 30 G F, 60 G KH

1 Für den Eintopf den Sellerie waschen und putzen, die Möhre schälen. Beides klein würfeln. Die Zwiebel und den Knoblauch schälen und fein hacken.

2 Das Öl in einem mittelgroßen Topf erhitzen. Gemüse, Zwiebel und Knoblauch ca. 5 Min. bei mittlerer Hitze andünsten. Das Hackfleisch zugeben und alles unter Rühren weiterbraten, bis das Fleisch gar ist. Tomaten, Wein und Brühe zugeben, alles mit Salz, Pfeffer und Zimt würzen und offen ca. 15 Min. bei mittlerer Hitze köcheln lassen.

3 Den Nudelteig in breite Streifen schneiden, dann in den Topf geben und in ca. 3 Min. bissfest garen. Getrocknete Nudeln brauchen mindestens 5 Min. länger.

4 Inzwischen den Schnittlauch waschen, trocken schütteln, in feine Röllchen schneiden und mit der sauren Sahne verrühren. Den Schnittlauchrahm mit Salz und Pfeffer würzen.

5 Den Eintopf mit Salz und Pfeffer abschmecken und auf tiefe Teller verteilen. Mit einem Klecks Schnittlauchrahm garniert servieren. Den übrigen Rahm separat dazu reichen.

❤ NUDEL DICH NOCH GLÜCKLICHER
Wer mag, kann den Schnittlauchrahm auch weglassen und stattdessen frisch geriebenen Parmesan oder klein geschnittenen Mozzarella auf den Eintopf streuen.

SPAGHETTIRÖSTI MIT SPECK

200 g Spaghetti
Salz
50 g Bauernspeck in dünnen Scheiben (ersatzweise Pancetta)
100 g Gruyère (ersatzweise Appenzeller)
1 EL Butter
Pfeffer

AUSSERDEM:
Spatel

FÜR 2 PERSONEN
ZUBEREITUNGSZEIT:
45 MIN.
PRO PORTION
CA. 695 KCAL,
30 G E, 30 G F, 70 G KH

1 Die Spaghetti in reichlich kochendem Salzwasser nach Packungsanweisung bissfest garen, kalt abschrecken und gründlich abtropfen lassen. Die Nudeln vollständig auskühlen lassen.

2 Inzwischen den Speck in feine Streifen schneiden. Den Gruyère ggf. entrinden und in knapp 1 cm große Würfel schneiden.

3 Die Butter in einer beschichteten Pfanne zerlassen und die Speckstreifen darin kurz bei mittlerer Hitze anbraten. Spaghetti und Käsewürfel zugeben, alles mit Salz und Pfeffer würzen und gründlich miteinander vermengen. Die Spaghettimischung mit dem Spatel vom Rand zur Mitte zu einer Art rundem Kuchen zusammenschieben. Die Rösti bei etwas mehr als mittlerer Hitze ca. 8 Min. braten, bis die Nudeln knusprig werden. Dabei nicht umrühren.

4 Die Spaghettirösti wenden und auch auf der anderen Seite in ca. 5 Min. knusprig braten. Dann wie eine Pizza in Stücke schneiden und heiß servieren.

❤ NUDEL DICH NOCH GLÜCKLICHER
Die Spaghettirösti mit Apfelmus, Blattsalat oder Sauerkraut servieren.

BUCHSTABENNUDEL-TABOULÉ

FÜR DAS TABOULÉ:
100 g Buchstabennudeln
Salz
1 Bund Petersilie
¼ Bund Minze
2 Tomaten
1 kleine Gurke (ca. 150 g)
1 Frühlingszwiebel

FÜR DAS DRESSING:
2 EL Zitronensaft
½ TL gemahlener Kreuzkümmel
1 Msp. Harissa
Salz
3 EL Olivenöl

FÜR 2 PERSONEN
ZUBEREITUNGSZEIT:
30 MIN.
PRO PORTION
CA. 340 KCAL,
5 G E, 15 G F, 40 G KH

1 Für das Taboulé die Nudeln in reichlich kochendem Salzwasser nach Packungsanweisung bissfest garen. In einem Sieb kalt abschrecken und gründlich abtropfen lassen.

2 Während die Nudeln kochen, die Kräuter waschen und trocken schütteln. Die Blättchen abzupfen und fein hacken. Die Tomaten und die Gurke waschen, putzen und das Fruchtfleisch möglichst klein würfeln. Die Frühlingszwiebel waschen, putzen und mit dem Grün in feine Ringe schneiden.

3 Für das Dressing Zitronensaft, Kreuzkümmel, Harissa und etwas Salz verrühren. Das Öl nach und nach mit einer Gabel unterschlagen.

4 Nudeln, Kräuter, Tomaten, Gurke und Frühlingszwiebelringe mit dem Dressing mischen und mit Salz abschmecken. Am besten vor dem Servieren noch ein bisschen durchziehen lassen.

REISNUDEL-SPAGHETTI VONGOLE

2 Stangen Zitronengras
1 Stück frischer Ingwer (ca. 1 cm)
50 ml Reiswein (ersatzweise Gemüsebrühe oder Fischfond)
500 g Venusmuscheln
2 Knoblauchzehen
1 kleine rote Chilischote
2 Tomaten
1 EL neutrales Öl
Salz
200 g dünne Reisnudeln
4 Stängel Koriandergrün (ersatzweise 2 Zweige Minze)

AUSSERDEM:
Kaffeefiltertüte

FÜR 2 PERSONEN
ZUBEREITUNGSZEIT:
35 MIN.
PRO PORTION
CA. 505 KCAL,
15 G E, 5 G F, 90 G KH

1 Das Zitronengras waschen und die Enden abschneiden. 1 Stange in 1 cm große Stücke schneiden und in einen Topf geben. Den Ingwer schälen und in Scheiben schneiden. Mit dem Reiswein und 100 ml Wasser zum Zitronengras geben und alles erhitzen.

2 Die Venusmuscheln in einem Sieb kalt abspülen und säubern. Muscheln, die sich dabei nicht schließen, entsorgen. Die Muscheln in den kochenden Sud geben und zugedeckt bei starker Hitze 3–4 Min. kochen, bis sie sich öffnen. Den Topf dabei immer wieder rütteln. Muscheln, die jetzt noch geschlossen sind, ebenfalls entsorgen. Die Muscheln abgießen, dabei den Sud auffangen. Den Sud durch eine Kaffeefiltertüte gießen, um Sandreste zu entfernen.

3 Den Knoblauch schälen und in dünne Scheiben schneiden. Die übrige Zitronengrasstange von der äußeren Schicht befreien und fein hacken. Die Chili waschen und den Stielansatz entfernen. Die Schote mit den Kernen in dünne Ringe schneiden. Die Tomaten mit kochendem Wasser überbrühen, häuten und ohne die Stielansätze würfeln.

4 Das Öl in einem Topf erhitzen. Knoblauch, Zitronengras und Chili darin farblos andünsten. Muschelsud und Tomaten zugeben, alles salzen und offen bei mittlerer Hitze ca. 10 Min. köcheln lassen.

5 Inzwischen die Reisnudeln in kochendem Salzwasser nach Packungsanweisung bissfest garen. Die Muscheln aus den Schalen lösen. Das Koriandergrün waschen und trocken schütteln. Die Blättchen abzupfen und fein hacken. Muscheln und Koriander unter den Sud mischen und kurz warm werden lassen. Mit Salz abschmecken.

6 Die Nudeln abgießen und auf tiefe Teller verteilen. Die Muscheln mit dem Sud daraufgeben und die Nudeln sofort servieren.

MUSCHELNUDELN MIT GRÜNKOHL UND RICOTTA

14 große Muschelnudeln (Conchiglioni grandi, ca. 140 g, online erhältlich oder im italienischen Feinkostladen)
Salz
250 g Grünkohl (ersatzweise 150 g TK-Grünkohl)
4 getrocknete Tomaten in Öl
75 g Parmesan
200 g Ricotta
1 Ei (M)
Chiliflocken (nach Belieben)

AUSSERDEM:
Auflaufform (ca. 20 × 20 cm)
2 EL Olivenöl

FÜR 2 PERSONEN
ZUBEREITUNGSZEIT:
30 MIN.
BACKZEIT:
25 MIN.
PRO PORTION
CA. 760 KCAL,
40 G E, 40 G F, 55 G KH

1 Die Nudeln in reichlich kochendem Salzwasser nach Packungsanweisung knapp bissfest garen, kalt abschrecken und abtropfen lassen.

2 Während das Wasser heiß wird, den Grünkohl waschen und die Blätter von den Stielen abstreifen. Den Grünkohl grob zerzupfen. In einem zweiten Topf Wasser zum Kochen bringen und salzen. Den Grünkohl darin 2 Min. (TK-Grünkohl nur 1 Min.) sprudelnd kochen, in einem Sieb kalt abschrecken, abtropfen lassen und gut ausdrücken. Den Grünkohl fein hacken. Die Tomaten abtropfen lassen und klein würfeln, 2 TL beiseitestellen. Den Parmesan fein reiben.

3 Ricotta, Ei und Parmesan verrühren. Den Grünkohl und die Tomaten untermischen und alles mit Salz und Chiliflocken würzen.

4 Den Backofen auf 200° vorheizen. Die Ricottamischung in die Muschelnudeln füllen. Die Nudeln nebeneinander in eine mit Backpapier ausgelegte Auflaufform legen und mit dem Öl beträufeln. Die Muschelnudeln im heißen Ofen (Mitte) ca. 25 Min. backen, bis sie leicht gebräunt sind. Kurz stehen lassen, dann mit den beiseitegestellten Tomaten garnieren und servieren.

❤ NUDEL DICH NOCH GLÜCKLICHER

Was tun mit dem übrigen Ricotta im 250-g-Becher? Die restlichen 50 g schmecken z. B. statt oder zusätzlich zum Parmesan auf Nudeln mit Tomatensauce. In kleinen Klecksen daraufsetzen und mit ein bisschen Olivenöl beträufeln.

NUDEL-SCHINKEN-KUCHEN

100 g Ditali (ersatzweise Penne oder Casarecce)
Salz
1 Stück Zucchino (ca. 80 g)
1 kleine gelbe Paprika
1 kleine Tomate
50 g TK-Erbsen
Pfeffer
100 g roher Schinken in dünnen Scheiben
100 g würziger Hartkäse (z. B. Bergkäse)
2 Eier (M)
100 g Quark

AUSSERDEM:
Springform (18 cm ∅, ersatzweise kleine runde Auflaufform)
1 EL Olivenöl

FÜR 2 PERSONEN
ZUBEREITUNGSZEIT:
35 MIN.
BACKZEIT:
35 MIN.
PRO PORTION
CA. 685 KCAL,
50 G E, 35 G F, 40 G KH

1 Die Nudeln in reichlich kochendem Salzwasser nach Packungsanweisung knapp bissfest garen, dann in einem Sieb kalt abschrecken und gründlich abtropfen lassen.

2 Inzwischen den Zucchino waschen, putzen und würfeln. Die Paprika halbieren, weiße Trennwände und Kerne entfernen, die Hälften waschen und in kleine Würfel schneiden. Die Tomate waschen und ohne den Stielansatz fein hacken. Zucchini und Paprika mit Nudeln, Tomate und Erbsen mischen und alles mit Salz und Pfeffer würzen.

3 Den Schinken in ca. 2 cm breite Streifen schneiden. Den Käse ggf. entrinden und fein reiben. Eier und Quark verrühren, Käse untermengen und die Mischung mit Salz und Pfeffer würzen.

4 Den Backofen auf 180° vorheizen. Die Springform mit Olivenöl auspinseln und vollständig mit Schinkenstreifen auskleiden, dabei einige Streifen auch längs am Rand der Form hochlegen und überlappen lassen. Die Nudelmischung mit der Eiercreme verrühren und in die Form füllen. Die überlappenden Schinkenstreifen über die Füllung klappen, sodass die Oberfläche komplett bedeckt ist.

5 Den Nudelkuchen im heißen Backofen (Mitte) ca. 35 Min. backen. Sollte der Schinken zu stark bräunen, die Form mit Alufolie abdecken. Den Kuchen kurz stehen lassen, dann aus der Form lösen und auf einen Teller setzen. Zum Servieren in Kuchenstücke schneiden.

MAISNUDELN MIT CHILI-KARAMELL-TOMATEN

300 g Kirschtomaten
Salz
½ EL Puderzucker
¼ TL Chiliflocken
2 EL Olivenöl
200 g Mais-Tagliatelle (ersatzweise Mais-Linguine)
80 g Ziegenfrischkäse
1 Stängel Basilikum

AUSSERDEM:
Auflauffo-m (ca. 20 × 20 cm)

FÜR 2 PERSONEN
ZUBEREITUNGSZEIT:
30 MIN.
PRO PORTION
CA. 605 KCAL,
15 G E, 20 G F, 90 G KH

1 Den Backofen auf 220° vorheizen. Tomaten waschen, abtrocknen und halbieren. Mit den Schnittflächen nach oben in eine Auflaufform legen und mit Salz würzen. Puderzucker und Chiliflocken mischen und die Tomaten damit bestreuen. Mit Olivenöl berträufeln.

2 Die Tomaten im heißen Backofen (Mitte) ca. 20 Min. backen, bis sie gebräunt sind. Nach ca. 5 Min. Backzeit für die Nudeln reichlich Salzwasser zum Kochen bringen. Die Mais-Tagliatelle darin nach Packungsanweisung bissfest garen.

3 Inzwischen den Ziegenfrischkäse in kleine Stücke zerteilen. Das Basilikum waschen und trocken schütteln. Die Blättchen klein zupfen.

4 Die Nudeln abgießen und auf vorgewärmte Teller verteilen. Die Tomaten mit dem Saft aus der Form daraufgeben, alles mit Ziegenfrischkäse und Basilikum garnieren und sofort servieren.

❤ NUDEL DICH NOCH GLÜCKLICHER
Obwohl sie richtig gut schmecken, müssen es nicht unbedingt Maisnudeln sein. Du kannst auch normale Bandnudeln nehmen, und auch Buchweizennudeln oder Kräuternudeln passen perfekt.

SPÄTZLE MIT RAHMSAUERKRAUT

FÜR DIE SPÄTZLE:
150 g Mehl
Salz
1 Ei (M)
1 Eigelb (M)
75 ml Mineralwasser mit Kohlensäure

FÜR DAS RAHMSAUERKRAUT:
1 Schalotte
150 g rohes Sauerkraut (aus der Frischetheke, vom Metzger oder aus der Dose)
1 EL Butter
1 TL brauner Zucker
1 TL rosenscharfes Paprikapulver
100 ml Gemüsebrühe
50 g Sahne
Salz

AUSSERDEM:
50 g durchwachsener Räucherspeck in dünnen Scheiben
Spätzlehobel oder -presse
1 Stängel Schnittlauch

FÜR 2 PERSONEN
ZUBEREITUNGSZEIT:
45 MIN.
PRO PORTION
CA. 570 KCAL,
20 G E, 30 G F, 60 G KH

1 Für die Spätzle das Mehl mit ½ TL Salz in einer Schüssel vermischen. Ei, Eigelb und Mineralwasser zugeben und alles zu einem zähflüssigen Teig verarbeiten. Abdecken und bei Zimmertemperatur ca. 30 Min. ruhen lassen.

2 Inzwischen für das Rahmsauerkraut die Schalotte schälen, vierteln und in feine Streifen schneiden. Das Sauerkraut mithilfe von zwei Gabeln auseinanderzupfen.

3 Die Butter in einem Topf zerlassen und darin die Schalotte mit dem Zucker unter Rühren andünsten. Das Sauerkraut zugeben und kurz mitdünsten. Mit Paprikapulver würzen. Die Brühe angießen und das Kraut zugedeckt bei kleiner Hitze ca. 30 Min. garen.

4 In einem Topf reichlich Salzwasser zum Kochen bringen. Währenddessen den Speck in 1 cm breite Streifen schneiden. Eine Pfanne erhitzen. Die Speckstreifen nebeneinander hineinlegen und erst glasig, dann knusprig werden lassen. Die Pfanne vom Herd ziehen.

5 Den Spätzleteig noch einmal durchrühren, dann mithilfe des Hobels oder der Presse in das heiße Wasser geben. Die Spätzle einmal aufkochen, anschließend mit dem Schaumlöffel aus dem Wasser heben und auf vorgewärmte Teller verteilen.

6 Das Sauerkraut mit der Sahne vermischen und mit Salz abschmecken. Den Schnittlauch waschen, trocken schütteln und in breite Röllchen schneiden. Das Kraut auf die Spätzle geben, alles mit Speck und Schnittlauch garnieren und sofort servieren.

SPEED REZEPT

NUDELSALAT MIT ZITRONENMASCARPONE UND LACHS

150 g Rigatoni (ersatzweise Penne)
Salz
100 g Räucherlachs
¼ Bund Dill
½ kleine Gurke (ca. 100 g)
½ Bio-Zitrone
100 g Mascarpone
50 ml Milch
Pfeffer

FÜR 2 PERSONEN
ZUBEREITUNGSZEIT:
20 MIN.
PRO PORTION
CA. 660 KCAL,
25 G E, 35 G F, 55 G KH

1 Die Nudeln in reichlich kochendem Salzwasser nach Packungsanweisung bissfest garen. Anschließend abgießen, kalt abschrecken und gründlich abtropfen lassen.

2 Während die Nudeln kochen, den Räucherlachs in feine Streifen schneiden. Den Dill waschen und trocken schütteln. Die Spitzen abzupfen und hacken. Die Gurke waschen, putzen und klein würfeln.

3 Die Zitronenhälfte heiß abwaschen und abtrocknen, die Schale fein abreiben und den Saft auspressen. Den Mascarpone mit Milch, ca. 1½ EL Zitronensaft und dem -abrieb verrühren und kräftig mit Salz und Pfeffer würzen.

4 Die Nudeln mit Zitronenmascarpone, Dill und Gurke mischen und mit Salz und Pfeffer abschmecken. Zum Schluss den Räucherlachs unter den Salat heben.

♥ NUDEL MAL ANDERS
Der Zitronenmascarpone ist schnell gerührt und schmeckt auch mit anderen Zutaten im Nudelsalat: z. B. mit gehäuteten Paprikastreifen und Minze, gebratenen Zucchiniwürfeln und Basilikum oder gegarten Rote-Bete-Würfeln, Kochschinken und Schnittlauch.

NUDELN MIT SCHINKEN UND MELONENTATAR

200 g breite Bandnudeln
Salz
½ kleine Honigmelone (ersatzweise Zuckermelone)
½ Bio-Zitrone
1 TL flüssiger Honig
¼ TL Chiliflocken
100 g roher geräucherter Schinken
2 Frühlingszwiebeln
2 EL Butter
Pfeffer

FÜR 2 PERSONEN
ZUBEREITUNGSZEIT:
25 MIN.
PRO PORTION
CA. 695 KCAL,
25 G E, 25 G F, 95 G KH

1 Die Nudeln in reichlich kochendem Salzwasser nach Packungsanweisung knapp bissfest garen. In einem Sieb kalt abschrecken und gründlich abtropfen lassen.

2 Inzwischen mit einem Löffel aus der Melonenhälfte die Kerne mitsamt dem weichen Fruchtfleisch herausschaben. Die Melone in Spalten schneiden, von der Schale befreien und fein hacken. Die Zitronenhälfte heiß abwaschen und abtrocknen, die Schale fein abreiben und den Saft auspressen. Den Zitronensaft mit Honig, Chiliflocken und Salz verrühren. Die Melonenwürfel mit dem Zitronenabrieb untermischen. Ist das Tatar zu süß, ggf. mit etwas Salz abschmecken.

3 Den Schinken mitsamt dem Fett in feine Streifen schneiden. Die Frühlingszwiebeln waschen, putzen und mit dem Grün in feine Ringe schneiden. Die Butter in einer Pfanne erhitzen und die Frühlingszwiebelringe darin bei mittlerer Hitze 1–2 Min. andünsten.

4 Die Nudeln zugeben und unter Rühren braten, bis sie leicht gebräunt sind. Den Schinken untermischen und warm werden lassen. Die Nudelmischung mit Salz und Pfeffer abschmecken und mit dem Melonentatar servieren.

TORTELLINIGRATIN MIT KÜRBISRAHM

1 Stück Kürbis (ca. 300 g)
Salz
250 g frische Tortellini
100 g Sahne
Pfeffer
1 TL rosenscharfes Paprikapulver
50 g getrocknete Tomaten in Öl
2 kleine Zweige Salbei (ca. 10 Blättchen)
125 g Mozzarella
2 EL Kürbiskerne

AUSSERDEM:
Auflaufform (ca. 18 × 18 cm)

FÜR 2 PERSONEN
ZUBEREITUNGSZEIT:
30 MIN.
BACKZEIT:
20 MIN.
PRO PORTION
CA. 720 KCAL,
30 G E, 40 G F, 50 G KH

1 Aus dem Kürbisstück mit einem Esslöffel die Kerne mitsamt dem faserigen Fruchtfleisch herausschaben. Den Kürbis schälen und in Würfel schneiden. Mit wenig Wasser und Salz in einem Topf aufkochen und zugedeckt bei schwacher Hitze in ca. 15 Min. weich garen.

2 Inzwischen die Tortellini in reichlich kochendem Salzwasser nach Packungsanweisung knapp bissfest garen. In einem Sieb kalt abschrecken und abtropfen lassen, dann in der Form verteilen.

3 Den Backofen auf 200° vorheizen. Den Kürbis mit der Sahne fein pürieren und mit Salz, Pfeffer und Paprikapulver würzen. Die Tomaten abtropfen lassen und würfeln. Den Salbei waschen, trocken schütteln und die Blättchen in feine Streifen schneiden. Tomaten und Salbei unter den Kürbisrahm mischen. Den Rahm auf den Tortellini verteilen.

4 Den Mozzarella abtropfen lassen und in dünne Scheiben schneiden. Auf die Tortellini legen und mit den Kürbiskernen bestreuen. Das Gratin im heißen Ofen (Mitte) ca. 20 Min. backen, bis der Käse zerlaufen und leicht gebräunt ist.

SPAGHETTIWÜRSTCHEN

4 Wiener Würstchen
175 g Spaghetti
300 g kleine Zucchini
1 Knoblauchzehe
5 Stängel Basilikum
4 getrocknete Tomaten in Öl
1 EL Olivenöl
250 ml Gemüsebrühe (ersatzweise Fleischbrühe)
200 g stückige Tomaten (Dose)
Salz
Pfeffer

FÜR 2 PERSONEN
ZUBEREITUNGSZEIT:
45 MIN.
PRO PORTION
CA. 735 KCAL,
25 G E, 40 G F, 60 G KH

1 Die Würstchen in ca. 2 cm breite Scheiben schneiden. Die Spaghetti einmal in der Mitte durchbrechen, dann dicht nebeneinander durch die Wurstscheiben stecken. Es passen ca. 12 Stück in eine Wurstscheibe. Die Nudeln sollten sich dabei nicht berühren.

2 Die Zucchini waschen, putzen und klein würfeln. Den Knoblauch schälen und fein hacken. Das Basilikum waschen und trocken schütteln. Die Blättchen abzupfen. Ein paar Blättchen zum Garnieren beiseitelegen, den Rest fein hacken. Die getrockneten Tomaten abtropfen lassen und klein schneiden.

3 Das Öl in einem weiten Topf, in dem die Spaghetti mit den Würstchen Platz finden, erhitzen und die Zucchiniwürfel darin andünsten. Den Knoblauch und das Basilikum zugeben und kurz mitdünsten.

4 Brühe, stückige Tomaten und 125 ml Wasser zugießen. Die getrockneten Tomaten unterrühren und alles mit Salz und Pfeffer würzen. Die Spaghettiwürstchen einlegen und offen bei mittlerer Hitze garen, bis die Nudeln bissfest sind (mit dieser Methode gegarte Pasta braucht ca. 4 Min. länger als auf der Packung angegeben). Dabei ab und zu umrühren, damit die Pasta gleichmäßig gar wird. Falls nötig, noch etwas Brühe oder Wasser nachgießen. Das restliche Basilikum fein hacken und vor dem Servieren aufstreuen.

❤ NUDEL DICH SCHNELLER
Soll's noch schneller gehen, lassen sich die Spaghettiwürstchen auch pur in Salzwasser garen.

PASTA ROLLS MIT TOMATENSAUCE

1 Aubergine (ca. 250 g)
Salz
Pfeffer
5 EL Olivenöl
125 g Mozzarella
4 getrocknete Tomaten in Öl
200 g frischer Nudelteig (selbst gemacht, s. S. 12, oder aus dem Kühlregal)
100 g gekochter Schinken in dünnen Scheiben
100 g Gorgonzola
1 Dose stückige Tomaten (400 g)

AUSSERDEM:
flache Auflaufform (ca. 20 × 20 cm)
1 Stängel Basilikum

FÜR 2 PERSONEN
ZUBEREITUNGSZEIT:
40 MIN.
BACKZEIT:
35 MIN.
PRO PORTION
CA. 980 KCAL,
45 G E, 55 G F, 65 G KH

1 Die Aubergine waschen, putzen und der Länge nach in dünne Scheiben schneiden. Mit Salz und Pfeffer würzen. In einer Pfanne die Auberginenscheiben portionsweise in insgesamt 4 EL Olivenöl bei mittlerer Hitze in ca. 2 Min. pro Seite braun braten.

2 Den Mozzarella in kleine Würfel schneiden. Die getrockneten Tomaten abtropfen lassen und in feine Streifen schneiden.

3 Die Nudelteigplatte auf der Arbeitsplatte ausbreiten und mit den Schinkenscheiben belegen. Die Auberginenscheiben darauf verteilen und mit dem Mozzarella und den getrockneten Tomaten bestreuen. Die Nudelplatte aufrollen und in ca. 4 cm breite Stücke schneiden.

4 Den Backofen auf 180° vorheizen. Die Nudelrollen mit den offenen Seiten nach oben nebeneinander in die Auflaufform legen. Den Gorgonzola würfeln und mit dem restlichen Öl und den stückigen Tomaten verrühren. Mit Salz und Pfeffer abschmecken. Die Gorgonzolasauce auf die Nudelrollen löffeln. Die Pasta Rolls im heißen Ofen (Mitte) ca. 35 Min. backen, bis sie schön gebräunt sind. Inzwischen das Basilikum waschen, trocken schütteln und die Blättchen abzupfen. Die Pasta Rolls kurz stehen lassen, dann mit Basilikum servieren.

❤ NUDEL MAL ANDERS
Für eine vegetarische Variante ohne Fleisch kannst du den Schinken auch einfach weglassen.

KÄSESPÄTZLE HELFEN IMMER!

PASTA & NOODLES FOREVER!

TAPS, TAPS IN DIE KÜCHE …
… UND KÜHLSCHRANK AUF.
HAB‘ ICH DA NICHT NOCH …
… SPÄTZLE? JAAA, HABE ICH!
ZWIEBELN UND KÄSE DAZU …
… UND AB IN DEN OFEN!
AUSGEHEN WÄR‘ NETT GEWESEN …
… ABER EIGENTLICH …
… SIND KÄÄÄÄÄSESPÄTZLE …
Mmmh!
… AUCH NICHT SO SCHLECHT!
SATT UND MÜDE SCHLÄFT ES SICH GUT – UND GESUND!
Mir geht‘s schon viiiel besser …
Zzzzzz

SPICY MEATBALLS MIT SPAGHETTI UND TOMATENSAUCE

FÜR DIE MEATBALLS:
1 Knoblauchzehe
4 Stängel Koriandergrün
200 g Rinderhackfleisch
1 Eigelb (M)
2 EL Semmelbrösel
2 TL Zitronensaft
½ TL gemahlener Kreuzkümmel
½ TL Chilipulver
Salz
1 EL Olivenöl

FÜR DIE SAUCE:
1 Knoblauchzehe
1 Zwiebel
1 Dose stückige Tomaten (400 g)
50 ml trockener Weißwein
Salz
Pfeffer
1 Prise Zucker

AUSSERDEM:
200 g Spaghetti
Salz
30 g Parmesan

FÜR 2 PERSONEN
ZUBEREITUNGSZEIT:
45 MIN.
PRO PORTION
CA. 835 KCAL,
45 G E, 30 G F, 90 G KH

1 Für die Meatballs den Knoblauch schälen. Koriandergrün waschen und trocken schütteln, die Blättchen abzupfen und fein hacken. Das Hackfleisch in eine Schüssel geben, den Knoblauch dazupressen. Koriander, Eigelb, Semmelbrösel, Zitronensaft, Kreuzkümmel und Chilipulver zugeben. Alles kräftig salzen und mit den Händen durchkneten, bis die Masse gut zusammenhält. Aus dem Hackteig knapp tischtennisballgroße Bällchen formen.

2 In einer mittelgroßen Pfanne das Öl erhitzen. Die Hackbällchen darin bei mittlerer Hitze ca. 5 Min. braten. Die Pfanne dabei ab und zu rütteln, um die Bällchen zu wenden. Die Meatballs anschließend herausnehmen und beiseitestellen.

3 Inzwischen für die Sauce den Knoblauch und die Zwiebel schälen und fein hacken. Beides im Bratfett der Hackbällchen glasig dünsten. Tomaten und Wein zufügen und mit Salz, Pfeffer und Zucker würzen. Die Tomatensauce bei mittlerer Hitze offen ca. 10 Min. köcheln lassen.

4 Währenddessen für die Spaghetti reichlich Salzwasser aufkochen. Die Nudeln darin nach Packungsanweisung bissfest garen. Die Sauce fein pürieren, die Hackbällchen wieder einlegen und bei kleiner Hitze so lange köcheln lassen, bis die Spaghetti fertig sind. Inzwischen den Parmesan fein reiben.

5 Die Nudeln abgießen, abtropfen lassen und auf vorgewärmte Teller verteilen. Die Meatballs mit der Tomatensauce daraufgeben. Mit Parmesan bestreut servieren.

LAUWARMER NUDELSALAT À LA CAESAR

FÜR DAS DRESSING:
1 sehr frisches Ei (M)
1 Sardellenfilet in Öl
½ TL Dijon-Senf
1 EL Zitronensaft
4 EL Olivenöl
Salz
Pfeffer

FÜR DEN NUDELSALAT:
1 Scheibe Weißbrot
4 Scheiben Frühstücksspeck
6 Romanasalatblätter (ersatzweise Eisbergsalat)
2 TL Butter
150 g Tagliatelle
Salz
25 g Parmesan

FÜR 2 PERSONEN
ZUBEREITUNGSZEIT:
30 MIN.
PRO PORTION
CA. 705 KCAL,
20 G E, 40 G F, 65 G KH

1 Für das Dressing das Ei anstechen und in kochendem Wasser 3 Min. garen. Kalt abschrecken, etwas abkühlen lassen und halbieren. Das Ei mit einem Löffel aus den Schalen lösen. Das Sardellenfilet abtropfen lassen und hacken. Ei, Sardellenfilet, Senf, Zitronensaft und Öl in einen hohen Becher geben und fein pürieren. Mit Salz und Pfeffer abschmecken und abgedeckt beiseitestellen.

2 Für den Nudelsalat das Weißbrot in kleine Würfel, den Frühstücksspeck in feine Streifen schneiden. Die Salatblätter waschen und trocken schütteln, dann in Streifen schneiden.

3 Die Butter in einer kleinen Pfanne zerlassen. Die Frühstücksspeckstreifen darin anbraten, bis sie knusprig werden. Die Brotwürfel zugeben und bei mittlerer Hitze unter Wenden goldbraun rösten.

4 Die Tagliatelle einmal durchbrechen und in reichlich kochendem Salzwasser nach Packungsanweisung bissfest garen. Die Salatstreifen zu den Nudeln in den Topf geben und kurz untermischen. Die Nudeln mit dem Salat in ein Sieb abgießen und kurz kalt abschrecken.

5 Die Nudeln und Salatstreifen mit dem Dressing vermengen und auf tiefe Teller verteilen. Den Speck und die Brotwürfel daraufstreuen. Den Parmesan in dicken Spänen über die Nudeln hobeln und den Salat sofort servieren. Erst beim Essen durchmischen, damit die Brotwürfel schön knusprig bleiben.

NUDELAUFLAUF AUS DER TASSE

100 g Penne (ersatzweise Fusilli)
Salz
1 kleiner Radicchio (ca. 200 g)
2 getrocknete Tomaten in Öl
1 Knoblauchzehe
2 Stängel Petersilie
Pfeffer
2 EL Olivenöl
30 g Parmesan
100 g Ricotta
1 Ei (M)
2 EL Pinienkerne

AUSSERDEM:
2 ofenfeste Tassen

FÜR 2 PERSONEN
ZUBEREITUNGSZEIT:
25 MIN.
BACKZEIT:
25 MIN.
PRO PORTION
CA. 580 KCAL,
25 G E, 35 G F, 40 G KH

1 Die Nudeln in reichlich kochendem Salzwasser nach Packungsanweisung knapp bissfest garen.

2 Inzwischen den Radicchio waschen und alle welken Blätter entfernen. Den Radicchio vierteln, vom harten Strunk befreien und in schmale Streifen schneiden. Zu den Nudeln in den Topf geben und einmal aufkochen. Dann beides in ein Sieb abgießen, kalt abschrecken und abtropfen lassen.

3 Die Tomaten ebenfalls abtropfen lassen und würfeln. Den Knoblauch schälen und fein hacken. Die Petersilie waschen und trocken schütteln. Die Blättchen abzupfen und fein hacken. Tomaten, Knoblauch und Petersilie mit den Nudeln mischen und alles mit Salz und Pfeffer abschmecken.

4 Den Backofen auf 200° vorheizen, die Tassen mit etwas Olivenöl ausstreichen. Den Parmesan fein reiben. Den Ricotta mit dem Ei und dem Parmesan vermengen und locker unter die Nudelmischung rühren. Alles auf beide Tassen verteilen. Die Pinienkerne aufstreuen und das restliche Öl darüberträufeln.

5 Die Aufläufe im heißen Ofen (Mitte) ca. 25 Min. backen, bis sie schön gebräunt sind. Kurz stehen lassen, dann in der Tasse servieren.

❤ NUDEL DICH NOCH GLÜCKLICHER
Radicchio ist dir zu bitter? Kein Problem, Spinat, Mangold oder sogar Kopfsalat gehen auch!

NUDELSTRUDELROLLE MIT KOHL UND SPECK

FÜR DEN TEIG:
150 g Mehl
Salz
1 Ei (M)
1 Eigelb (M)

FÜR DIE FÜLLUNG:
1 kleiner Spitzkohl (ca. 450 g, ersatzweise 1 Stück Weißkohl)
Salz
50 g Frühstücksspeck
Pfeffer
1 TL Kümmel (nach Belieben)
30 g Butter
150 g Quark (ersatzweise Schichtkäse)

AUSSERDEM:
Mehl zum Arbeiten
4 Stängel Schnittlauch

FÜR 2 PERSONEN
ZUBEREITUNGSZEIT:
45 MIN.
BACKZEIT:
35 MIN.
PRO PORTION
CA. 705 KCAL,
30 G E, 35 G F, 65 G KH

1 Für den Teig das Mehl mit ½ TL Salz mischen. Das Ei und das Eigelb mit 1 EL Wasser zugeben und alles glatt und geschmeidig kneten. Ist der Teig zu trocken, noch etwas Wasser einarbeiten. Den Teig zu einer Kugel formen, in ein Küchentuch wickeln und bei Zimmertemperatur ca. 30 Min. ruhen lassen.

2 Inzwischen für die Füllung den Kohl putzen und vierteln. Den dicken Mittelstrunk entfernen und den Kohl in ca. 1 cm breite Streifen schneiden. In einem Topf Salzwasser zum Kochen bringen und den Kohl darin ca. 1 Min. blanchieren, dann in einem Sieb kalt abschrecken und abtropfen lassen. Den Frühstücksspeck in feine Streifen schneiden und mit dem Kohl mischen. Mit Salz, Pfeffer und nach Belieben mit Kümmel würzen.

3 Den Nudelteig noch einmal durchkneten und auf einem bemehlten Küchentuch so dünn wie möglich zu einem Rechteck ausrollen. In zwei etwa gleich große Hälften schneiden.

4 Den Backofen auf 180° vorheizen. Ein Backblech mit Backpapier auslegen. Die Butter zerlassen und die Teigplatten damit bestreichen. Die Kohlmischung darauf verteilen und den Quark in kleinen Klecksen daraufsetzen. Die Ränder jeweils über die Füllung schlagen und beide Teigplatten mithilfe des Tuchs zu einem Strudel aufrollen. Die Strudel möglichst so auf das Blech gleiten lassen, dass die »Naht« unten liegt. Mit der restlichen Butter bestreichen.

5 Die Nudelrollen im heißen Backofen (Mitte) ca. 35 Min. backen, bis sie schön gebräunt sind. Inzwischen den Schnittlauch waschen, trocken schütteln und in Röllchen schneiden. Die Strudel kurz stehen lassen, in Stücke schneiden und mit Schnittlauch bestreut servieren.

SPEED REZEPT

DREIKÄSEHOCH MIT RUCOLA

200 g Spaghetti
Salz
50 g Gorgonzola
50 g Parmesan
50 g Ricotta
100 ml Gemüsebrühe
1 Handvoll Rucola
Pfeffer

FÜR 2 PERSONEN
ZUBEREITUNGSZEIT:
20 MIN.
PRO PORTION
CA. 585 KCAL,
25 G E, 20 G F, 70 G KH

1 Die Spaghetti in reichlich kochendem Salzwasser nach Packungsanweisung bissfest garen.

2 Inzwischen den Gorgonzola würfeln und den Parmesan fein reiben. 20 g geriebenen Parmesan beiseitestellen. Den übrigen Parmesan mit dem Gorgonzola, dem Ricotta und der Gemüsebrühe in einem kleinen Topf bei schwacher Hitze erwärmen und schmelzen lassen. Dabei immer wieder umrühren.

3 Den Rucola verlesen und von groben Stielen befreien, waschen, trocken schütteln und grob hacken.

4 Die Käsesauce mit Salz und Pfeffer abschmecken. Die Nudeln abgießen und mit der Hälfte des Rucolas zur Sauce in den Topf geben. Alles gut vermengen, auf tiefe Teller verteilen und mit dem restlichen Rucola und Parmesan bestreut servieren.

❤ NUDEL DICH NOCH GLÜCKLICHER

Käse und Pasta – ein echtes Traumpaar. Statt drei verschiedener Käsesorten kannst du auch nur eine einzige verwenden: Für eine reine Käsesauce 100 g Gorgonzola würfeln oder Hartkäse reiben und in 100 g Sahne und 2–3 EL Gemüsebrühe schmelzen. Pur oder mit etwas blanchiertem Blattspinat unter die Nudeln mischen.

ZOODLES MIT TOMATEN-SAUCE UND RICOTTA

400 g kleine Zucchini
Salz
1 Zwiebe
1 Knoblauchzehe
400 g Tomaten
2 EL Olivenöl
Chiliflocken (nach Belieben)
1 Prise Zucker (nach Belieben)
4 Stängel Basilikum
100 g Ricotta

AUSSERDEM:
Spiralschneider
Olivenöl zum Beträufeln

FÜR 2 PERSONEN
ZUBEREITUNGSZEIT:
25 MIN.
PRO PORTION
CA. 315 KCAL,
10 G E, 25 G F, 15 G KH

1 Die Zucchini waschen, putzen und mit dem Spiralschneider (alternativ mit einem Sparschäler) zu dünnen »Nudeln« verarbeiten. Die Zucchininudeln in einer Schüssel mit ½ TL Salz mischen und ca. 20 Min. ziehen lassen.

2 Währenddessen Zwiebel und Knoblauch schälen und klein würfeln. Die Tomaten mit kochendem Wasser überbrühen, häuten und ohne die Stielansätze würfeln.

3 Das Olivenöl in einem Topf erhitzen, Zwiebel und Knoblauch darin bei mittlerer Hitze andünsten. Die Tomaten zugeben, mit Salz, Chiliflocken und Zucker nach Belieben abschmecken und offen bei mittlerer bis großer Hitze ca. 10 Min. köcheln lassen.

4 Inzwischen das Basilikum waschen und trocken schütteln. Die Blättchen abzupfen und fein hacken. Die Zucchininudeln in einem Sieb abtropfen lassen und auf Teller verteilen. Tomatensauce und Ricotta daraufgeben. Die Zoodles mit Basilikum garnieren, mit Olivenöl beträufeln und sofort servieren.

❤ NUDEL DICH NOCH GLÜCKLICHER

Rohe Zucchini schmecken einfach super! Und durch das Einsalzen werden sie auch schön geschmeidig. Wenn du es trotzdem lieber heiß magst, kannst du die Zoodles kurz – aber wirklich nur ein paar Sekunden – vor dem Servieren in kochendem Salzwasser blanchieren.

LASAGNEROLLEN MIT HÜHNERFÜLLUNG

200 g Hähnchenbrustfilet
4 Scheiben Pancetta
4 Zweige Thymian
1 kleiner Zweig Salbei
(ca. 4 Blättchen)
1 EL Butter
4 getrocknete Tomaten in Öl
2 TL Kapern (nach Belieben)
200 g stückige Tomaten (Dose)
Salz
Chiliflocken (nach Belieben)
50 g Parmesan
100 g Ricotta
4 frische Lasagneplatten
(à ca. 15 × 22 cm, selbst gemacht, s. S. 12, oder frischer Nudelteig aus dem Kühlregal)
125 g Mozzarella
2 EL Olivenöl

AUSSERDEM:
Auflaufform (ca. 18 × 25 cm)

FÜR 2 PERSONEN
ZUBEREITUNGSZEIT:
35 MIN.
BACKZEIT:
25 MIN.
PRO PORTION
CA. 825 KCAL,
55 G E, 55 G F, 25 G KH

1 Das Hähnchenfleisch in sehr kleine Würfel schneiden oder fein hacken. Den Pancetta ebenfalls in kleine Würfel schneiden. Die Kräuter waschen und trocken schütteln. Die Thymianblättchen von den Zweigen streifen und die Salbeiblättchen fein hacken.

2 Die Butter in einer Pfanne zerlassen. Den Pancetta darin bei mittlerer Hitze unter Rühren andünsten. Das Fleisch mit den Kräutern zugeben und so lange braten, bis es nicht mehr roh aussieht. Das Hähnchenfleisch vom Herd nehmen.

3 Die getrockneten Tomaten und nach Belieben die Kapern abtropfen lassen und fein schneiden. Mit den stückigen Tomaten mischen und mit Salz und Chiliflocken nach Belieben würzen. Die Hälfte davon unter das Hähnchenfleisch rühren. Den Parmesan fein reiben und mit dem Ricotta ebenfalls unterrühren. Mit Salz abschmecken.

4 Den Backofen auf 200° vorheizen. Die Hähnchenmischung auf den Lasagneplatten verteilen und die Platten aufrollen. Nebeneinander in die Auflaufform legen.

5 Die restliche Tomatensauce auf den Rollen verteilen. Den Mozzarella abtropfen lassen, in Scheiben schneiden und darauflegen. Das Olivenöl darüberträufeln und die Lasagnerollen im heißen Backofen (Mitte) 20–25 Min. backen, bis sie schön gebräunt sind. Kurz stehen lassen, dann servieren.

❤ NUDEL DICH NOCH GLÜCKLICHER
Du hast getrocknete Lasagneplatten übrig? Die gehen auch, müssen aber so lange in kochendem Salzwasser garen, bis sie schön geschmeidig sind. Anschließend kalt abschrecken.

HACKSCHNECKEN MIT TOMATENCREME

FÜR DIE HACKSCHNECKEN:
1 Zwiebel
1 Knoblauchzehe
½ Bund Petersilie
250 g Rinderhackfleisch
1 Ei (M)
Salz
Pfeffer
1 TL edelsüßes Paprikapulver
200 g frischer Nudelteig (selbst gemacht, s. S. 12, oder aus dem Kühlregal)
2 EL Butterschmalz

FÜR DIE TOMATENCREME:
200 g passierte Tomaten
50 g Crème fraîche
Salz
Pfeffer

FÜR 2 PERSONEN
ZUBEREITUNGSZEIT:
30 MIN.
PRO PORTION
CA. 860 KCAL,
45 G E, 50 G F, 60 G KH

1 Für die Hackschnecken Zwiebel und Knoblauch schälen und fein reiben oder sehr fein hacken. Die Petersilie waschen und trocken schütteln. Die Blättchen abzupfen und fein hacken, 2 TL beiseitestellen. Hackfleisch, Zwiebel, Knoblauch, Petersilie und Ei gründlich vermischen und mit Salz, Pfeffer und Paprikapulver abschmecken.

2 Die Nudelteigplatte auf einem Küchentuch ausbreiten und mit der Hackmasse bestreichen. Die Ränder nach innen über die Füllung klappen und den Teig mithilfe des Tuches aufrollen. Die Rolle in ca. 2 cm dicke Schnecken schneiden.

3 In einer großen Pfanne das Butterschmalz erhitzen. Die Hackschnecken darin bei mittlerer Hitze ca. 5 Min. pro Seite unter einmaligem Wenden braten.

4 Inzwischen für die Tomatencreme die passierten Tomaten mit der Crème fraîche in einem Topf verrühren, erwärmen und kräftig mit Salz und Pfeffer würzen.

5 Die Tomatencreme auf zwei Teller verteilen. Die Hackschnecken daraufsetzen, mit Petersilie bestreuen und sofort servieren.

NUDELNESTER AUF RUCOLASALAT

FÜR DIE NUDELNESTER:
150 g Linguine (ersatzweise andere schmale Bandnudeln)
Salz
200 g braune Champignons
½ Zitrone
1 Frühlingszwiebel
2 Stängel Basilikum
1 EL Olivenöl
Pfeffer
100 g Gorgonzola

FÜR DEN SALAT:
50 g Rucola
1 Tomate
1 EL Weißweinessig
½ TL mittelscharfer Senf
Salz
Pfeffer
2 EL Walnussöl (ersatzweise Olivenöl)

FÜR 2 PERSONEN
ZUBEREITUNGSZEIT:
30 MIN.
BACKZEIT:
20 MIN.
PRO PORTION
CA. 610 KCAL,
20 G E, 35 G F, 55 G KH

1 Für die Nudelnester die Linguine in reichlich kochendem Salzwasser nach Packungsanweisung bissfest garen. Die Nudeln kalt abschrecken und abtropfen lassen.

2 Ein Backblech mit Backpapier auslegen. Die Nudeln in sechs Portionen teilen und auf dem Backpapier mit einer Gabel zu kleinen Nestern drehen. Mit den Fingern etwas nachhelfen und in der Mitte eine flache Mulde formen.

3 Die Champignons mit feuchtem Küchenpapier abreiben, von den Stielansätzen befreien und in kleine Würfel schneiden. Die Zitronenhälfte auspressen und die Pilze mit 1 EL Saft mischen. Die Frühlingszwiebel waschen, putzen und mit dem Grün fein hacken. Das Basilikum waschen und trocken schütteln. Die Blättchen abzupfen und ebenfalls fein hacken.

4 Den Backofen auf 200° vorheizen. Die Pilze mit Olivenöl, Frühlingszwiebel und Basilikum vermengen, mit Salz und Pfeffer würzen und auf den Nudelnestern verteilen. Den Gorgonzola in kleine Würfel schneiden und daraufstreuen. Die Nudelnester im heißen Backofen (Mitte) ca. 20 Min. backen, bis der Käse zerlaufen und gebräunt ist.

5 Inzwischen für den Salat den Rucola von allen welken Blättern und dicken Stielen befreien, waschen und trocken schleudern. Die Tomate waschen und ohne Stielansatz fein würfeln. Essig mit Senf, Salz und Pfeffer verrühren, das Öl nach und nach unterschlagen.

6 Rucola und Tomate mit dem Dressing vermengen und auf zwei Teller verteilen. Die Nudelnester daraufsetzen und sofort servieren.

NUDEL-KIRSCH-AUFLAUF

300 ml Milch
Salz
100 g Fadennudeln (Vermicelli)
250 g Kirschen (ersatzweise
185 g Sauerkirschen aus dem Glas)
½ Bio-Zitrone
2 Eier (M)
50 g weiche Butter
40 g Zucker
1 Pck. Vanillezucker
2 EL Semmelbrösel
2 TL Kakaopulver

AUSSERDEM:
Auflaufform (ca. 18 × 18 cm)
Butter für die Form

FÜR 2 PERSONEN
ZUBEREITUNGSZEIT:
30 MIN.
BACKZEIT:
30 MIN.
PRO PORTION
CA. 815 KCAL,
20 G E, 40 G F, 95 G KH

1 Die Milch mit 1 Prise Salz in einem Topf erhitzen. Die Nudeln in etwas kleinere Stücke brechen, einrühren und bei schwacher bis mittlerer Hitze 8–10 Min. in der Milch garen, bis sie bissfest sind und die Milch aufgesogen haben. Dabei ab und zu umrühren und bei Bedarf noch etwas Wasser zugeben. Die Nudeln lauwarm abkühlen lassen.

2 Inzwischen die Kirschen waschen, von den Stielen zupfen und entsteinen. Die Zitronenhälfte heiß abwaschen und abtrocknen, die Schale fein abreiben. Die Eier trennen. In einer Schüssel 40 g Butter mit Zucker und Vanillezucker schaumig schlagen. Die Eigelbe und den Zitronenabrieb unterrühren.

3 Den Backofen auf 180° vorheizen. Die Form mit Butter ausstreichen. Nudeln und Kirschen unter die Eigelbcreme mischen. Die Eiweiße steif schlagen und locker unterheben. Die Masse in die Form füllen. Semmelbrösel mit Kakaopulver vermischen und daraufstreuen. Die restliche Butter in Flöckchen schneiden und obenauf setzen.

4 Den Nudel-Kirsch-Auflauf im heißen Ofen (Mitte) ca. 30 Min. backen, bis er schön gebräunt ist. Kurz stehen lassen, dann noch warm oder lauwarm servieren.

CANNELLONI MIT NUSSFÜLLUNG

150 ml Milch
100 g gemahlene Haselnusskerne (ersatzweise gemahlene Mandeln)
1 EL Rosinen
40 g Zucker
½ TL Zimtpulver
1 großer Apfel
½ Zitrone
100 g Quark
2 Eier (M)
10 Cannellonirollen (ohne Vorkochen)
150 g Sahne
1 Pck. Vanillezucker
1 EL Butter

AUSSERDEM:
Auflaufform (ca. 20 × 20 cm)
Puderzucker zum Bestäuben

FÜR 2 PERSONEN
ZUBEREITUNGSZEIT:
25 MIN.
BACKZEIT:
30 MIN.
PRO PORTION
CA. 1180 KCAL,
30 G E, 75 G F, 95 G KH

1 100 ml Milch in einem Topf aufkochen. Gemahlene Nüsse, Rosinen, Zucker und Zimt zugeben und alles bei niedriger Temperatur 2–3 Min. erhitzen. Lauwarm abkühlen lassen.

2 Den Backofen auf 200° vorheizen. Den Apfel schälen, vierteln und vom Kerngehäuse befreien. 1 Viertel würfeln, die übrigen fein raspeln. Aus der Zitronenhälfte 2 TL Saft auspressen und mit den Apfelraspeln mischen. Die Nussmasse mit Quark, geraspeltem Apfel und 1 Ei verrühren und in die Cannellonirollen füllen.

3 Die Rollen nebeneinander in die Form legen. Die Sahne mit der restlichen Milch, dem übrigen Ei und dem Vanillezucker verrühren und darübergießen. Die Apfelwürfel daraufstreuen. Die Butter in Flöckchen schneiden und obenauf setzen.

4 Die Cannelloni im heißen Ofen (Mitte) ca. 30 Min. backen, bis sie weich sind und die Oberfläche leicht gebräunt ist. Die Cannelloni kurz stehen lassen, dann mit Puderzucker bestäuben und noch warm oder lauwarm servieren.

❤ NUDEL DICH NOCH GLÜCKLICHER
Die Cannelloni mit je 1 Kugel Eis oder auch halbsteif geschlagener Sahne mit Vanillezucker servieren.

TRY ME
AND...

FREAK OUT!

Nudeln you've never
seen before

PINK NOODLES

300 g Rote Beten (am besten Exemplare kleine mit Blattgrün)
1 rote Zwiebel
1 EL Butter (ersatzweise neutrales Öl)
150 ml Gemüsebrühe
Salz
1 TL rosenscharfes Paprikapulver
200 g Bandnudeln
1 Stück frischer Meerrettich (ca. 2 cm, ersatzweise 2 TL Meerrettich aus dem Glas)
2 EL saure Sahne
2 EL Rote-Bete-Chips

FÜR 2 PERSONEN
ZUBEREITUNGSZEIT:
45 MIN.
PRO PORTION
CA. 550 KCAL,
15 G E, 15 G F, 90 G KH

1 Die Roten Beten am besten mit Einweghandschuhen schälen, dann erst in dünne Scheiben, anschließend in Streifen schneiden. Die Zwiebel schälen, vierteln und ebenfalls in Streifen schneiden.

2 In einem Topf die Butter zerlassen. Rote-Bete- und Zwiebelstreifen darin andünsten. Die Brühe angießen, das Gemüse mit Salz und Paprikapulver würzen und zugedeckt bei schwacher Hitze ca. 15 Min. dünsten, bis die Streifen bissfest sind.

3 Nach ca. 5 Min. Garzeit in einem zweiten Topf reichlich Salzwasser zum Kochen bringen. Die Bandnudeln hineingeben und nach Packungsanweisung bissfest garen.

4 Inzwischen den Meerrettich schälen und fein reiben. Die Hälfte vom Gemüse aus dem Topf nehmen und mit der sauren Sahne fein pürieren. Das Püree zurück in den Topf zur übrigen Rote-Bete-Mischung geben und alles mit Salz und Meerrettich würzen. Nicht mehr kochen lassen, sonst verliert der Meerrettich seine Schärfe.

5 Die Nudeln abgießen, abtropfen lassen und im Topf mit der Sauce mischen, bis sie gleichmäßig pink verfärbt sind. Die Pink Noodles auf zwei Teller verteilen, die Chips leicht zerkrümeln und darüberstreuen.

❤ NUDEL DICH NOCH GLÜCKLICHER

Wenn du Rote Bete mit Blattgrün bekommst, kannst du die Blätter entweder in Streifen schneiden und mitkochen oder aber in Stücke zupfen und in heißem Öl knusprig frittieren. Mit einem Schaumlöffel aus dem Fett heben, auf Küchenpapier abtropfen lassen, leicht salzen und vor dem Servieren auf die Nudeln streuen.

RAMEN-BURGER

FÜR DIE BURGER:
150 g Ramen-Nudeln (Asienladen, ersatzweise Mie-Nudeln)
250 g Hähnchenbrustfilet
½ Bio-Limette
1 Stück frischer Ingwer (ca. 2 cm)
1 Frühlingszwiebel
1 kleine rote Chilischote
Salz
1 Ei (M)
4 EL neutrales Öl

FÜR DIE SAUCE:
2 EL Mayonnaise
2 EL saure Sahne
1 EL Sweet-Chili-Sauce
Salz

AUSSERDEM:
6 Servierringe (à 10 cm ∅)
2 Kopfsalatblätter (ersatzweise 1 kleine Handvoll Rucola)
½ kleine rote Chilischote

FÜR 2 PERSONEN
ZUBEREITUNGSZEIT:
45 MIN.
PRO PORTION
CA. 850 KCAL,
40 G E, 50 G F, 55 G KH

1 Für die Burger die Nudeln nach Packungsanweisung bissfest garen, in einem Sieb kalt abschrecken, abtropfen und auskühlen lassen.

2 Inzwischen das Hähnchenfleisch erst in Würfel schneiden, dann sehr fein hacken. Die Limettenhälfte heiß abwaschen, abtrocknen und die Schale fein abreiben. Den Limettensaft auspressen und für die Sauce beiseitestellen. Den Ingwer schälen und fein hacken. Die Frühlingszwiebel waschen, putzen und mit dem Grün fein hacken. Die Chilischote waschen, vom Stiel befreien und ebenfalls fein hacken. Wer es milder mag, schlitzt die Schote zuvor auf und entfernt die Kerne.

3 Das Hühnerhack mit Limettenabrieb, Ingwer, Frühlingszwiebel, Chili und Salz sehr gründlich verkneten, bis die Masse gut zusammenhält. Daraus zwei runde, ca. 2 cm dicke Pattys formen.

4 Für die Sauce Mayonnaise, saure Sahne und Chilisauce verrühren. Mit 1–2 TL des beiseitegestellten Limettensafts und Salz würzen.

5 Die Nudeln gründlich mit dem Ei vermischen. In einer großen Pfanne 3 EL Öl erhitzen. Vier Servierringe in die Pfanne setzen, die Nudeln darin verteilen und leicht flach drücken. Die Ramen-Buns bei mittlerer Hitze 4–5 Min. braten, bis sie knusprig sind. Anschließend wenden und nochmals so lange braten.

6 Inzwischen in einer zweiten Pfanne das restliche Öl erhitzen und die Pattys darin bei mittlerer Hitze in den übrigen zwei Servierringen ca. 5 Min. pro Seite braten.

7 Die Salatblätter waschen und trocken schütteln, die Chilihälfte putzen und in Ringe schneiden. Zum Servieren jeweils einen Ramen-Bun auf einen Teller setzen und mit Salatblatt und Patty belegen. Die Sauce darüberträufeln, mit Chiliringen bestreuen und die restlichen Buns obenauf setzen.

SPEED REZEPT

NUDEL TRIFFT APRIKOSE IM GLAS

60 g Buchweizen-Fusilli (ersatzweise andere Buchweizennudeln)
Salz
2 Aprikosen
125 g Büffelmozzarella
1 kleine Handvoll Rucola
½ Bio-Zitrone
2 grüne Oliven ohne Stein
Cayennepfeffer
2 EL Olivenöl
2 TL Sonnenblumenkerne

AUSSERDEM:
Einmachglas (ca. 580 ml)

FÜR 1 PERSON
ZUBEREITUNGSZEIT:
20 MIN.
PRO PORTION
CA. 835 KCAL,
25 G E, 55 G F, 60 G KH

1 Die Buchweizen-Fusilli in reichlich kochendem Salzwasser nach Packungsanweisung bissfest garen. In einem Sieb kalt abschrecken und abtropfen lassen.

2 Inzwischen die Aprikosen waschen, abtrocknen, halbieren und entkernen. Das Fruchtfleisch in schmale Spalten schneiden. Den Mozzarella abtropfen lassen und klein würfeln. Den Rucola verlesen, waschen und trocken schleudern. Große Blätter kleiner zupfen.

3 Die Zitronenhälfte heiß abwaschen und abtrocknen, die Schale fein abreiben und den Saft auspressen. Die Oliven fein hacken. 1 EL Zitronensaft und den -abrieb mit Salz und 1 Prise Cayennepfeffer verrühren, dann das Öl unterschlagen. Die Oliven untermischen.

4 Die Nudeln mit dem Oliven-Zitronen-Dressing mischen und mit Salz und Cayennepfeffer abschmecken. Erst Nudeln, dann Aprikosen und Mozzarella in ein Einmachglas schichten. Mit Sonnenblumenkernen und Rucola bestreuen und das Glas verschließen. Den Nudelsalat erst kurz vor dem Essen durchmischen. Nach Belieben abschmecken.

❤ NUDEL MAL ANDERS

Der Sommer ist vorbei und die Aprikosenzeit auch? Dann schmeckt der Salat auch mit gegarten Rote-Bete-Würfeln und Radicchio oder mit gehäuteten Paprika aus dem Glas und Endiviensalat.

GEMÜSENUDELN MIT CHORIZOSUGO

FÜR DEN CHORIZOSUGO:
1 Zwiebel
2 Knoblauchzehen
1 Stange Staudensellerie (mit Blattgrün)
4 Zweige Thymian
2 Tomaten
150 g Chorizo
2 EL Olivenöl
100 ml trockener Rotwein (ersatzweise Gemüsebrühe)
Salz
¼ Bund Petersilie

FÜR DIE GEMÜSENUDELN:
400 g Pastinaken (ersatzweise Möhren)
Salz

AUSSERDEM:
Spiralschneider oder Sparschäler

FÜR 2 PERSONEN
ZUBEREITUNGSZEIT:
35 MIN.
PRO PORTION
CA. 550 KCAL,
20 G E, 35 G F, 25 G KH

1 Für den Chorizosugo Zwiebel und Knoblauch schälen und fein würfeln. Den Sellerie waschen, putzen und mit dem Grün fein hacken. Den Thymian waschen und trocken schütteln. Die Blättchen abzupfen. Die Tomaten mit kochendem Wasser überbrühen, häuten und ohne die Stielansätze würfeln. Die Chorizo, falls nötig, ebenfalls häuten und in kleine Würfel schneiden.

2 Das Öl in einem Topf erhitzen. Darin Zwiebel mit Knoblauch, Sellerie und Thymian unter Rühren bei mittlerer Hitze andünsten. Die Chorizo zugeben und kurz mitdünsten. Die Tomaten untermischen, den Wein angießen und alles mit Salz würzen. Offen bei mittlerer Hitze ca. 20 Min. köcheln lassen, bis der Sugo eindickt.

3 Inzwischen für die Gemüsenudeln die Pastinaken putzen, schälen und mit dem Spiralschneider in feine oder mit einem Sparschäler in breitere »Nudeln« schneiden. In einem Topf reichlich Salzwasser zum Kochen bringen. Die Gemüsenudeln hineingeben und 2 Min. sprudelnd kochen lassen.

4 Die Petersilie waschen, trocken schütteln und fein hacken. Die Nudeln in ein Sieb abgießen, gut abtropfen lassen und auf zwei Teller verteilen. Den Sugo mit der Petersilie mischen, mit Salz abschmecken und auf die Nudeln geben. Die Nudeln sofort servieren.

❤ NUDEL DICH NOCH GLÜCKLICHER
Wer mag, bereitet gleich die doppelte Rezeptmenge zu, gibt den übrig gebliebenen Sugo in ein Schraubglas, schichtet die restlichen Gemüsenudeln darauf und hat so einen leckeren Snack zum Mitnehmen für den nächsten Tag.

金版面，

ONE-POT-PASTA MIT AUBERGINENRAGOUT

1 Aubergine (ca. 300 g)
2 Frühlingszwiebeln
2 Knoblauchzehen
1 Stück frischer Ingwer (ca. 2 cm)
3 EL neutrales Öl
1 TL grüne Currypaste
200 g Tagliatelle (ersatzweise andere Bandnudeln)
Salz
4 Stängel Koriandergrün
½ Limette

FÜR 2 PERSONEN
ZUBEREITUNGSZEIT:
35 MIN.
PRO PORTION
CA. 480 KCAL,
15 G E, 15 G F, 80 G KH

1 Die Aubergine waschen, putzen und in kleine Würfel schneiden. Die Frühlingszwiebeln waschen, putzen und mit dem Grün in feine Ringe schneiden. Ca. 1 EL Grün beiseitelegen. Knoblauch und Ingwer schälen und fein hacken.

2 Das Öl in einem Topf erhitzen und die Auberginenwürfel darin unter Rühren bei mittlerer Hitze anbraten, bis sie etwas Farbe bekommen. Frühlingszwiebeln, Knoblauch und Ingwer ein paar Min. mitdünsten. Die Currypaste unterrühren und kurz anrösten.

3 Die Tagliatelle und 650 ml kaltes Wasser zugeben und alles erhitzen. Die Pasta salzen und offen bei mittlerer bis großer Hitze bissfest garen. (One-Pot-Pasta braucht ca. 4 Min. länger, als auf der Packung angegeben ist.) Dabei immer wieder umrühren und bei Bedarf noch etwas mehr Wasser zugeben.

4 Inzwischen den Koriander waschen und trocken schütteln. Die Blättchen abzupfen und fein hacken. Die Limettenhälfte auspressen. Die Pasta mit Limettensaft und Salz abschmecken und mit dem Koriander und den übrigen Frühlingszwiebelringen bestreut servieren.

FUSILLI MIT MÖHREN-KURKUMA-RAHM

300 g Möhren
1 Zwiebel
2 EL Butter
150 ml Gemüsebrühe
Salz
1 TL gemahlene Kurkuma
Chilipulver (nach Belieben)
150 g rote Linsenfusilli (ersatzweise 200 g herkömmliche Fusilli)
½ Zitrone
100 g Sahne
2 EL Cashewkerne
1 TL Currypulver

FÜR 2 PERSONEN
ZUBEREITUNGSZEIT: 25 MIN.
PRO PORTION CA. 680 KCAL, 25 G E, 35 G F, 55 G KH

1 Die Möhren schälen und würfeln. Die Zwiebel schälen und hacken. 1 EL Butter in einem Topf erhitzen und darin die Zwiebel mit den Möhrenwürfeln andünsten. Mit der Gemüsebrühe ablöschen und mit Salz, Kurkuma und wenig Chilipulver würzen. Die Möhren zugedeckt bei schwacher Hitze in ca. 10 Min. weich dünsten.

2 Inzwischen die Linsenfusilli in reichlich kochendem Salzwasser nach Packungsanweisung bissfest garen.

3 Die Zitronenhälfte auspressen. Die gegarten Möhren fein pürieren. Die Sahne unterrühren und den Möhrenrahm mit 2 TL Zitronensaft, Salz und Chilipulver abschmecken.

4 Die Cashewkerne nach Belieben hacken. Die restliche Butter in einer kleinen Pfanne zerlassen und die Cashews darin bei mittlerer Hitze goldgelb rösten. Mit Currypulver und Salz würzen.

5 Die Nudeln abgießen, mit dem Möhren-Kurkuma-Rahm mischen und auf zwei Teller verteilen. Die Fusilli mit den Cashewkernen garnieren und sofort servieren.

❤ NUDEL DICH NOCH GLÜCKLICHER
Du willst noch mehr Crunch? Möhrenchips in Stücke bröseln und vor dem Servieren aufstreuen.

SPAGHETTI-PIZZA

125 g Spaghetti
Salz
50 g Parmesan
2 Eier (M)
2 EL Milch (ersatzweise Sahne)
Pfeffer
3 Tomaten
125 g Mozzarella
1 TL getrockneter Oregano
1 EL Olivenöl
1 Handvoll Rucola
4 Scheiben roher Schinken

AUSSERDEM:
runde Pizzaform (18 cm ∅, ersatzweise Tarte- oder Springform)
Olivenöl für die Form

FÜR 2 PERSONEN
ZUBEREITUNGSZEIT:
20 MIN.
BACKZEIT:
20 MIN.
PRO PORTION
CA. 665 KCAL,
40 G E, 35 G F, 50 G KH

1 Die Spaghetti in reichlich kochendem Salzwasser nach Packungsanweisung knapp bissfest garen. In der Mitte sollten sie noch einen harten Kern haben. Die Spaghetti in einem Sieb kalt abschrecken, gründlich abtropfen und komplett auskühlen lassen. Den Backofen auf 220° vorheizen. Die Form mit etwas Olivenöl ausstreichen.

2 Den Parmesan fein reiben. Die Eier mit der Milch und dem geriebenen Käse verrühren, leicht salzen und großzügig pfeffern.

3 Die Tomaten waschen, von Stielansätzen befreien und in dünne Scheiben schneiden. Mozzarella abtropfen lassen und ebenfalls in dünne Scheiben schneiden.

4 Die Spaghetti mit der Eiermasse vermengen und gleichmäßig in der Form verteilen. Die Tomaten darauflegen und salzen. Die Mozzarellascheiben obenauf verteilen, mit Oregano bestreuen und mit Olivenöl beträufeln. Die Pizza im heißen Ofen (Mitte) ca. 20 Min. backen, bis sie schön gebräunt ist.

5 Inzwischen den Rucola von dicken Stielen befreien, waschen und trocken schütteln. Die Pizza aus dem Ofen nehmen und vor dem Servieren mit Rucola und Schinken belegen.

❤ NUDEL DICH NOCH GLÜCKLICHER

Belagtausch: Die Spaghetti-Pizza statt mit Tomatenscheiben mit 200 g stückigen Tomaten aus der Dose (gewürzt mit Salz, Pfeffer und 1 TL getrocknetem Oregano) bestreichen. Dann nach Lust und Laune belegen – z. B. mit gekochtem Schinken, Champignonscheiben und geriebenem Käse oder geviertelten Artischockenherzen, Zucchinistiften, Basilikum und Mozzarella.

SPEED REZEPT

KICHERERBSEN-FUSILLI MIT PAPRIKA-CAPRESE

150 g Kichererbsen-Fusilli (ersatzweise 200 g herkömmliche Fusilli)
Salz
150 g gehäutete Paprika (selbst gemacht, s. u., aus dem Glas oder vom italienischen Feinkostladen)
50 g Sahne
1 Msp. Harissa
125 g Büffelmozzarella
2 Zweige Minze
2 EL Pinienkerne

FÜR 2 PERSONEN
ZUBEREITUNGSZEIT:
20 MIN.
PRO PORTION
CA. 655 KCAL,
25 G E, 35 G F, 50 G KH

1 Die Fusilli in reichlich kochendem Salzwasser nach Packungsanweisung bissfest garen.

2 Inzwischen die Paprika abtropfen lassen und würfeln. Mit der Sahne fein pürieren und in einem Topf erwärmen. Die Paprikacreme mit Harissa und Salz abschmecken. Den Mozzarella abtropfen lassen und würfeln. Die Minze waschen und trocken schütteln, die Blättchen in kleine Stücke zupfen oder in feine Streifen schneiden. Die Pinienkerne in einer Pfanne ohne Fett unter Rühren goldgelb rösten.

3 Die Fusilli abgießen, abtropfen lassen und mit der Paprikacreme verrühren. Die Nudeln auf zwei Teller oder Schalen verteilen. Mit Mozzarella, Minze und Pinienkernen bestreuen und sofort servieren.

❤ NUDEL DICH NOCH GLÜCKLICHER

Du kannst die Paprika auch ganz leicht selber häuten: Dazu den Backofen auf 250° vorheizen und ein Backblech mit Backpapier auslegen. Die Paprika halbieren, weiße Trennwände und Kerne entfernen und die Hälften waschen. Mit den Schnittflächen nach unten auf das Blech legen und im heißen Backofen (Mitte) 15–20 Min. rösten, bis die Haut dunkle Blasen wirft. Die Paprika mit einem feuchten Tuch bedecken und nach ca. 10 Min. die Haut einfach abziehen.

GREEN NOODLES

100 g grüne Bohnen
1 dünne Stange Lauch
1 kleiner Brokkoli
1 Handvoll Blattspinat (ersatzweise Rucola)
2 EL Pinienkerne
200 g Spinatnudeln
Salz
1 EL Butter
Pfeffer
2 kleine Zweige Salbei (ca. 10 Blättchen)
1 EL Olivenöl
2 TL grünes Pesto

FÜR 2 PERSONEN
ZUBEREITUNGSZEIT:
30 MIN.
PRO PORTION
CA. 520 KCAL,
15 G E, 15 G F, 80 G KH

1 Die Bohnen waschen und die Enden abschneiden. Etwaige Fäden abziehen. Die Bohnen in 2–3 cm lange Stücke schneiden. Vom Lauch den weißen Teil abschneiden und anderweitig verwenden. Das Lauchgrün der Länge nach halbieren, waschen und in Streifen schneiden. Brokkoli waschen und in Röschen teilen. Den Stiel schälen und würfeln. Den Spinat von dicken Stielen befreien, waschen und abtropfen lassen. Pinienkerne in einer Pfanne ohne Fett goldbraun rösten.

2 Die Spinatnudeln in reichlich kochendem Salzwasser nach Packungsanweisung bissfest garen.

3 Gleichzeitig für das Gemüse Salzwasser zum Kochen bringen. Die Bohnen darin 6 Min. garen. Dann den Brokkoli zugeben und weitere 2 Min. garen. Die Lauchstreifen 1 Min. mitgaren. Den Spinat zufügen und einmal aufkochen. Das Gemüse sollte jetzt bissfest sein. In ein Sieb abgießen, kalt abschrecken und gründlich abtropfen lassen.

4 Die Butter in demselben Topf zerlassen, das Gemüse darin wieder erwärmen und mit Salz und Pfeffer würzen. Den Salbei waschen, trocken schütteln und die Blättchen nach Belieben in breite Streifen schneiden. Das Öl in einer kleinen Pfanne erhitzen, den Salbei darin bei starker Hitze knusprig braten.

5 Das Pesto mit 1–2 EL heißem Nudelkochwasser cremig rühren. Die Nudeln in ein Sieb abgießen und abtropfen lassen. Mit Gemüse und Pesto vermengen und auf vorgewärmte Teller verteilen. Mit Salbei und Pinienkernen bestreuen und sofort servieren.

❤ NUDEL MAL ANDERS

Dieses Rezept kannst du mit jeder Art Grünzeug zubereiten, das die Saison gerade zu bieten hat: mit grünem Spargel und Bärlauch, Zucchini und grüner Paprika oder mit Spinat und Wirsing. Einfach die Garzeiten entsprechend anpassen.

PASTASOTTO MIT PILZEN

1 kleine Zwiebel
1 Knoblauchzehe
250 g Egerlinge (ersatzweise Champignons)
2 EL Butter
200 g Kritharaki (Risoni)
50 ml trockener Weißwein (ersatzweise Gemüsebrühe und 1 TL Zitronensaft)
600 ml Gemüsebrühe
½ Bio-Zitrone
¼ Bund Petersilie
25 g Parmesan
Salz
Pfeffer

FÜR 2 PERSONEN
ZUBEREITUNGSZEIT:
35 MIN.
PRO PORTION
CA. 570 KCAL,
20 G E, 20 G F, 75 G KH

1 Zwiebel und Knoblauch schälen und fein hacken. Die Pilze mit feuchtem Küchenpapier abreiben, von den Stielenden befreien und in kleine Würfel schneiden.

2 In einem Topf 1 EL Butter zerlassen. Zwiebel, Knoblauch und Pilze darin andünsten. Die Kritharaki zugeben und gut unterrühren. Mit Wein ablöschen und unter Rühren einkochen lassen.

3 Die Gemüsebrühe in einem zweiten Topf erhitzen und nach und nach angießen. Es soll immer so viel Flüssigkeit im Topf sein, dass die Nudeln knapp davon bedeckt sind. Dabei häufig rühren, damit das Pastasotto schön sämig wird. Die Nudeln auf diese Weise 12–15 Min. garen, bis sie bissfest sind.

4 Inzwischen die Zitronenhälfte heiß abwaschen und abtrocknen, die Schale sehr dünn ohne das bittere Weiße abschneiden. Die Petersilie waschen und trocken schütteln. Die Blättchen abzupfen und mit der Zitronenschale fein hacken. Den Parmesan fein reiben, 1 EL zum Garnieren beiseitestellen.

5 Die restliche Butter in Würfel schneiden und mit dem Parmesan und der Zitronen-Petersilien-Mischung unter die Nudeln rühren. Das Pastasotto mit Salz und Pfeffer abschmecken. Mit dem beiseitegestellten Parmesan bestreuen und sofort servieren.

❤ NUDEL DICH NOCH GLÜCKLICHER

Auf diese Weise kannst du die kleinen reisförmigen Nudeln mit vielerlei Gemüse zubereiten, z. B. mit grünem Spargel oder Erbsen.

SPEED REZEPT

NUDEL TRIFFT DATTEL IM GLAS

80 g Casarecce (ersatzweise Fusilli)
Salz
2 Tomaten
5 Datteln (frisch oder getrocknet nach Belieben)
2 Zweige Minze (ersatzweise Koriandergrün)
½ TL Ras el Hanout
1 Prise Chilipulver
125 g Räuchertofu
½ Zitrone
2 EL Olivenöl

AUSSERDEM:
Einmachglas (ca. 580 ml)

FÜR 1 PERSON
ZUBEREITUNGSZEIT:
20 MIN.
PRO PORTION
CA. 765 KCAL,
30 G E, 35 G F, 85 G KH

1 Die Casarecce in reichlich kochendem Salzwasser nach Packungsanweisung bissfest garen. In einem Sieb kalt abschrecken und gründlich abtropfen lassen.

2 Inzwischen die Tomaten waschen, von Stielansätzen befreien und klein würfeln. Die Datteln aufschneiden, eventuell entkernen und in feine Streifen schneiden. Die Minze waschen und trocken schütteln. Die Blättchen abzupfen und fein hacken. Die Tomaten mit den Datteln und der Minze mischen. Mit Salz, Ras el Hanout und Chilipulver würzen und in ein Einmachglas füllen.

3 Den Räuchertofu würfeln, aus der Zitronenhälfte 1 EL Saft auspressen. Tofu, Zitronensaft, Salz und 1 EL Öl verrühren und auf die Tomatenmischung in das Glas geben.

4 Die Nudeln mit dem restlichen Olivenöl verrühren und ebenfalls in das Glas schichten. Das Glas verschließen. Den Nudelsalat erst kurz vorm Essen durchrühren.

❤ NUDEL MAL ANDERS
Du magst keinen Räuchertofu? Gut schmecken auch Schafskäse, gekochter Schinken und sogar Ölsardinen!

SÜSSKARTOFFELNUDELN MIT KORIANDERPESTO

25 g Cashewkerne
1 Stück frischer Ingwer (ca. 2 cm)
1 Bio-Limette
½ Bund Koriandergrün
4 EL neutrales Öl
¼ TL Chiliflocken
1 Prise Zucker
Salz
300 g Süßkartoffeln
200 g rohe geschälte Garnelen

AUSSERDEM:
Spiralschneider

FÜR 2 PERSONEN
ZUBEREITUNGSZEIT:
35 MIN.
PRO PORTION
CA. 485 KCAL,
25 G E, 25 G F, 35 G KH

1 Die Cashews grob hacken und in einer Pfanne ohne Fett bei mittlerer Hitze goldgelb rösten. Den Ingwer schälen und klein hacken. Die Limette heiß abwaschen und abtrocknen, die Hälfte der Schale fein abreiben. Den Koriander waschen, trocken schütteln, die Blättchen abzupfen und hacken.

2 Koriander, Cashews, Ingwer, Limettenabrieb, 3 EL Öl, Chiliflocken und Zucker fein pürieren. Das Korianderpesto mit Salz abschmecken.

3 Die Limette sorgfältig schälen und filetieren. Die Süßkartoffeln schälen, waschen und abtrocknen. Mit dem Spiralschneider zu »Nudeln« verarbeiten. Die Garnelen nach Belieben klein schneiden.

4 Die Süßkartoffelnudeln in einem Topf mit kochendem Salzwasser ca. 3 Min. sprudelnd kochen lassen. Gleichzeitig in einer Pfanne das restliche Öl erhitzen. Die Garnelen darin bei mittlerer Hitze ca. 1 Min. braten, bis sie sich rötlich verfärben. Die Limettenfilets zugeben und alles mit Salz würzen.

5 Die Süßkartoffeln abgießen und zu den Garnelen in die Pfanne geben. Alles gut durchmischen und auf vorgewärmte Teller verteilen. Etwas Korianderpesto daraufgeben, den Rest separat dazu reichen.

❤ NUDEL DICH NOCH GLÜCKLICHER

Wenn du von dem Pesto nicht genug bekommen kannst, bereitest du es das nächste Mal einfach auf Vorrat in zwei- oder dreifacher Menge zu. Anschließend in ein Schraubglas füllen, mit einer Schicht Öl bedecken und im Kühlschrank bis zu vier Wochen aufbewahren.

RETTICHNUDELN MIT FISCHBOLO

1 kleiner weißer oder roter Rettich (ca. 400 g)
1 Stange Staudensellerie
1 kleine Möhre
1 Zwiebel
1 Knoblauchzehe
2 Tomaten
250 g Fischfilet (z. B. Lachs, Dorsch oder Zander)
1 EL Olivenöl
Salz
Pfeffer
Chilipulver (nach Belieben)
4 Stängel Petersilie

AUSSERDEM:
Spiralschneider

FÜR 2 PERSONEN
ZUBEREITUNGSZEIT:
35 MIN.
PRO PORTION
CA. 200 KCAL,
25 G E, 5 G F, 10 G KH

1 Den Rettich schälen und mit dem Spiralschneider zu feinen »Spaghetti« verarbeiten (alternativ einen Sparschäler verwenden). Sellerie waschen und putzen, die Möhre schälen. Beides fein hacken. Zwiebel und Knoblauch schälen und fein würfeln. Tomaten mit kochendem Wasser überbrühen, häuten und ohne Stielansätze klein schneiden.

2 Mit den Fingerspitzen über das Fischfilet streichen und etwaige Gräten herausziehen. Den Fisch in kleine Würfel schneiden.

3 In einem Topf das Olivenöl erhitzen. Sellerie, Möhre, Zwiebel und Knoblauch zugeben, salzen und bei mittlerer Hitze 2–3 Min. andünsten. Die Tomaten zugeben, alles mit Salz, Pfeffer und Chilipulver nach Belieben abschmecken und offen ca. 10 Min. köcheln lassen.

4 Inzwischen in einem zweiten Topf Salzwasser zum Kochen bringen. Die Rettichnudeln darin 1 Min. sprudelnd kochen, in ein Sieb abgießen und abtropfen lassen.

5 Gleichzeitig den Fisch auf das Gemüse in den Topf geben und zugedeckt ca. 2 Min. garen, dann vorsichtig untermengen. Die Petersilie waschen, trocken schütteln, die Blättchen abzupfen und fein hacken.

6 Die Rettichnudeln auf zwei Teller verteilen und die Fischbolo daraufgeben. Die Nudeln mit Petersilie bestreut servieren.

❤ NUDEL MAL ANDERS

Für eine Asia-Variante zusätzlich zu Zwiebel und Knoblauch 1–2 cm frischen Ingwer schälen und zusammen mit 1 roten Chilischote hacken. Mit Bio-Limettenabrieb abschmecken.

ONE-POT-PASTA MIT SCHARFEM BLUMENKOHL

1 EL Rosinen
1 EL trockener Weißwein (ersatzweise Wasser)
½ kleiner Blumenkohl (ca. 250 g)
1 Frühlingszwiebel
2 Knoblauchzehen
1 frische rote Chilischote
2 EL Olivenöl
2 EL Pinienkerne
200 g stückige Tomaten (Dose)
200 g Casarecce (ersatzweise Penne)
Salz
¼ Bund Minze

FÜR 2 PERSONEN
ZUBEREITUNGSZEIT:
35 MIN.
PRO PORTION
CA. 610 KCAL,
15 G E, 20 G F, 85 G KH

1 Die Rosinen mit dem Wein mischen und ziehen lassen, bis die restlichen Zutaten vorbereitet sind. Den Blumenkohl waschen und in kleine Röschen teilen. Die Frühlingszwiebel waschen und putzen. Das Grün in feine Ringe schneiden und beiseitelegen, den weißen Abschnitt fein hacken. Den Knoblauch schälen und in dünne Scheiben schneiden. Die Chilischote waschen, putzen und mit den Kernen in feine Ringe schneiden.

2 Das Öl in einem Topf erhitzen. Die Pinienkerne hineingeben und bei mittlerer Hitze goldgelb braten. Mit dem Schaumlöffel herausheben und beiseitestellen.

3 Frühlingszwiebel, Knoblauch und Chili im Öl anbraten, aber nicht braun werden lassen. Den Blumenkohl mit den Rosinen zugeben und kurz andünsten. Dann Tomaten, Casarecce und ca. 500 ml kaltes Wasser zugeben, alles salzen und offen bei mittlerer bis großer Hitze bissfest garen. (One-Pot-Pasta braucht ca. 4 Min. länger, als auf der Packung angegeben ist.) Dabei immer wieder durchrühren und bei Bedarf noch etwas mehr Wasser zugeben.

4 Inzwischen die Minze waschen und trocken schütteln. Die Blättchen abzupfen und fein hacken. Mit den grünen Frühlingszwiebelringen unter die Nudeln mischen. Die Casarecce abschmecken und mit den Pinienkernen bestreut servieren.

❤ NUDEL DICH NOCH GLÜCKLICHER
Kein Freund von Blumenkohl? Brokkoli schmeckt genauso gut und bringt noch etwas mehr Farbe ins Spiel.

REISNUDELKUCHEN MIT GARNELEN

150 g schmale Reisbandnudeln
Salz
150 g Blattspinat
1 Möhre
1 Frühlingszwiebel
1 Bio-Limette
½ Bund Koriandergrün
100 g kleine gegarte Garnelen
2 Eier (M)
Pfeffer
2 TL Sesamöl

AUSSERDEM:
Tarteform (24 cm ∅, ersatzweise Springform)
neutrales Öl für die Form

FÜR 2 PERSONEN
ZUBEREITUNGSZEIT:
25 MIN.
BACKZEIT:
20 MIN.
PRO PORTION
CA. 520 KCAL,
25 G E, 15 G F, 65 G KH

1 Die Reisbandnudeln in kürzere Stücke brechen. Reichlich Salzwasser in einem Topf zum Kochen bringen und die Nudeln darin nach Packungsanweisung bissfest garen.

2 Inzwischen den Spinat waschen und trocken schleudern, von dicken Stielen befreien und grob hacken. Die Möhre schälen und erst in Scheiben, dann in feine Streifen schneiden. Beides zu den Nudeln in den Topf geben, kurz aufkochen und zusammen in ein Sieb abgießen. Die Nudelmischung kalt abschrecken und abtropfen lassen.

3 Den Backofen auf 225° vorheizen. Die Tarteform mit Öl ausstreichen. Die Frühlingszwiebel waschen, putzen und mit dem Grün in feine Ringe schneiden. Die Limette heiß abwaschen, abtrocknen und die Schale fein abreiben. Den Koriander waschen und trocken schütteln. Die Blättchen abzupfen und fein hacken.

4 Die Nudelmischung mit Frühlingszwiebel, Limettenabrieb und Koriander in einer Schüssel mischen. Die Garnelen abtropfen lassen und mit den Eiern gründlich untermischen. Alles mit Salz und Pfeffer abschmecken und in der Form verteilen. Das Sesamöl darüberträufeln.

5 Den Reisnudelkuchen im heißen Ofen (Mitte) ca. 20 Min. backen, bis er goldbraun und knusprig ist. Den Kuchen in Stücke schneiden und sofort servieren.

❤ NUDEL DICH NOCH GLÜCKLICHER
Dazu passt ein frischer Salat, z. B. ein mit Ingwer und Reisessig gewürzter Gurkensalat.

NUDELMUFFINS

60 g Nudeln (nach Belieben)
Salz
1 Tomate
3 Zweige Thymian
1 Knoblauchzehe
100 g rohe Bratwurst (am besten italienische Salsiccia)
2 Mini-Mozzarellakugeln (ca. 60 g)
15 g Parmesan
1 Ei (M)
75 g Ricotta
Pfeffer

AUSSERDEM:
6er-Muffinform (ersatzweise ½ Muffinform mit 12 Mulden verwenden)
Olivenöl für die Form

FÜR 6 STÜCK
ZUBEREITUNGSZEIT:
35 MIN.
BACKZEIT:
CA. 30 MIN.
PRO STÜCK
CA. 165 KCAL,
10 G E, 10 G F, 10 G KH

1 Die Nudeln in reichlich kochendem Salzwasser nach Packungsanweisung bissfest garen. Kalt abschrecken und abtropfen lassen.

2 Die Tomate mit kochendem Wasser überbrühen, häuten und ohne den Stielansatz würfeln. Den Thymian abbrausen und trocken schütteln, die Blättchen abzupfen. Den Knoblauch schälen und fein hacken. Die Bratwurstmasse aus der Haut drücken und hacken. Den Mozzarella würfeln, den Parmesan fein reiben. Das Ei mit Ricotta und Parmesan verrühren und mit Salz und Pfeffer abschmecken.

3 Den Backofen auf 200° vorheizen. Die Vertiefungen der Muffinform mit Öl ausstreichen. Die Nudeln mit Tomate, Thymian, Knoblauch, Bratwurst und Mozzarella gründlich vermengen und in die Vertiefungen füllen. Die Eiercreme gleichmäßig darauf verteilen.

4 Die Nudelmuffins im heißen Ofen (Mitte) 25–30 Min. backen, bis sie schön gebräunt sind. Kurz stehen lassen, dann aus der Muffinform lösen und servieren.

❤ NUDEL DICH NOCH GLÜCKLICHER
Für den ganz großen Hunger oder wenn Gäste kommen, kannst du die Zutatenmenge auch einfach verdoppeln und in einer herkömmlichen 12er-Muffinform backen. Reste kannst du am nächsten Tag in der Form in ca. 5 Min. im heißen Ofen aufwärmen.

LINSENNUDELN MIT PAPRIKAKRAUT

1 kleiner Spitzkohl
1 kleine rote Paprika
1 EL Butter
1 TL Kümmel
1 TL rosenscharfes Paprikapulver
125 ml Gemüsebrühe
Salz
150 g grüne Linsennudeln
100 g saure Sahne
Pfeffer

AUSSERDEM:
30 g Schafskäse (Feta)

FÜR 2 PERSONEN
ZUBEREITUNGSZEIT:
25 MIN.
PRO PORTION
CA. 495 KCAL,
30 G E, 15 G F, 50 G KH

1 Den Spitzkohl von allen welken Blättern befreien, waschen und der Länge nach vierteln. Den dicken Mittelstrunk entfernen und den Kohl in dünne Streifen schneiden. Die Paprika halbieren, weiße Trennwände und Kerne entfernen, die Hälften waschen und ebenfalls in dünne Streifen schneiden.

2 Die Butter in einem Topf zerlassen, den Kohl darin mit Paprika und Kümmel andünsten. Das Paprikapulver darüberstäuben und kurz anrösten. Das Gemüse mit der Brühe ablöschen und mit Salz abschmecken. Zugedeckt bei schwacher Hitze in 3–4 Min. bissfest garen.

3 Gleichzeitig die Nudeln in reichlich kochendem Salzwasser nach Packungsanweisung bissfest garen.

4 Die saure Sahne unter das Gemüse rühren und das Paprikakraut mit Salz und Pfeffer abschmecken. Den Schafskäse zerkrümeln. Die Nudeln abgießen und auf vorgewärmte Teller verteilen. Das Gemüse daraufgeben und die Nudeln mit Schafskäse bestreut servieren.

♥ NUDEL MAL ANDERS

Du magst es gern asiatisch? Dann einfach statt Kümmel 2 TL Garam Masala untermischen, die saure Sahne durch Kokosmilch ersetzen und das Gemüse mit etwas Limettensaft abschmecken.

AUBERGINE MIT SPAGHETTIFÜLLUNG

1 große Aubergine
Salz
100 g Spaghetti
1 Stange Staudensellerie
1 kleine Zwiebel
1 Knoblauchzehe
2 Tomaten
5 grüne Oliven
4 Stängel Basilikum
4 EL Olivenöl
1 EL Rotweinessig
1 TL Zucker
2 TL Kapern
Pfeffer (ersatzweise Chiliflocken)
50 g Caciocavallo (ersatzweise Provolone)
1 EL Pinienkerne

AUSSERDEM:
Kugelausstecher (ersatzweise Löffel mit leicht scharfem Rand)

FÜR 2 PERSONEN
ZUBEREITUNGSZEIT:
45 MIN.
BACKZEIT:
30 MIN.
PRO PORTION
CA. 565 KCAL,
15 G E, 35 G F, 45 G KH

1 Die Aubergine waschen und der Länge nach halbieren. Das Fruchtfleisch mit einem Kugelausstecher aushöhlen, dabei einen 1 cm breiten Rand aussparen. Das Fruchtfleisch fein würfeln und die Auberginenschalen kräftig salzen.

2 Die Spaghetti in reichlich kochendem Salzwasser nach Packungsanweisung knapp bissfest garen. In einem Sieb kalt abschrecken und gründlich abtropfen lassen.

3 Inzwischen den Sellerie waschen, putzen und fein würfeln. Zwiebel und Knoblauch schälen und fein hacken. Die Tomaten mit kochendem Wasser überbrühen, häuten und ohne die Stielansätze würfeln. Das Olivenfleisch vom Stein schneiden und würfeln. Das Basilikum waschen und trocken schütteln, die Blättchen abzupfen und fein hacken.

4 In einem Topf 2 EL Olivenöl erhitzen, die Auberginenwürfel darin unter Rühren ein paar Min. anbraten. Sellerie, Zwiebel und Knoblauch zugeben und kurz mitdünsten. Die Tomaten einrühren, mit Essig, Salz und Zucker würzen und ca. 10 Min. offen köcheln lassen. Anschließend Oliven, Kapern und Basilikum untermischen und alles mit Salz und Pfeffer abschmecken.

5 Den Backofen auf 200° vorheizen, ein Backblech mit Backpapier auslegen. Die Auberginenhälften trocken tupfen. Die Nudeln mit der Tomatenmischung vermengen und in die Auberginenhälften füllen. Den Caciocavallo grob reiben und darüberstreuen. Die Pinienkerne obenauf verteilen und das restliche Öl darüberträufeln.

6 Die Auberginenhälften auf das Backblech setzen und im heißen Ofen (Mitte) ca. 30 Min. backen, bis sie schön gebräunt sind.

SPEED REZEPT

NUDEL TRIFFT THUNFISCH IM GLAS

60 g schmale Reisnudeln
Salz
1 Ei (M)
2 Tomaten
2 Stängel Basilikum
½ Bio-Zitrone
1 kleine Dose Thunfisch im eigenen Saft (Abtropfgewicht ca. 60 g)
Cayennepfeffer
2 EL Olivenöl
2 Kopfsalatblätter

AUSSERDEM:
Einmachglas (ca. 580 ml)

FÜR 1 PERSON
ZUBEREITUNGSZEIT:
20 MIN.
PRO PORTION
CA. 590 KCAL,
25 G E, 25 G F, 55 G KH

1 Die Reisnudeln in reichlich kochendem Salzwasser nach Packungsanweisung bissfest garen, in einem Sieb kalt abschrecken und gründlich abtropfen lassen.

2 Inzwischen das Ei hart kochen und kalt abschrecken. Die Tomaten waschen, von Stielansätzen befreien und fein würfeln. Das Basilikum abbrausen und trocken schütteln. Die Blättchen abzupfen und in feine Streifen schneiden. Das Ei pellen und klein würfeln. Ei, Tomaten und Basilikumstreifen mischen und mit Salz würzen. Dann zuunterst in ein Einmachglas füllen.

3 Die Zitronenhälfte heiß abwaschen und abtrocknen. Die Schale fein abreiben und den Saft auspressen. Den Thunfisch abtropfen lassen und zerpflücken. Mit dem Zitronenabrieb und 1 EL Saft, Salz und Cayennepfeffer würzen und mit 1 EL Öl mischen. Den Thunfisch auf die Tomaten geben.

4 Die Reisnudeln mit dem restlichen Öl vermengen, mit Salz und Cayennepfeffer abschmecken und ebenfalls in das Glas schichten. Die Salatblätter waschen, trocken schütteln, in Streifen schneiden und auf den Nudeln verteilen. Das Glas verschließen. Den Nudelsalat erst beim Essen durchmischen, nach Belieben erneut abschmecken.

❤ NUDEL DICH NOCH GLÜCKLICHER
Gibst du ca. 100 g frisch gekochte grüne (TK-)Bohnen dazu, erinnert das Gericht an einen Salade niçoise – nur eben mit Nudeln. Die Bohnen nach dem Kochen gut abschrecken und abtropfen lassen.

SPAGHETTIPUFFER MIT TOMATENTATAR

FÜR DIE PUFFER:
150 g Spaghetti
Salz
15 g Parmesan (ersatzweise anderer Hartkäse)
1 Ei (M)
1 EL Mehl
Pfeffer
3 EL Olivenöl

FÜR DAS TOMATENTATAR:
400 g Tomaten
50 g schwarze Oliven
½ Bund Petersilie (ersatzweise eine Mischung aus Petersilie und Minze)
1 Knoblauchzehe
1 EL Olivenöl
Salz
½ TL Harissa (nach Belieben mehr)

FÜR 2 PERSONEN
ZUBEREITUNGSZEIT:
30 MIN.
PRO PORTION
CA. 640 KCAL,
20 G E, 35 G F, 70 G KH

1 Für die Puffer die Spaghetti in kürzere Stücke brechen und in reichlich kochendem Salzwasser nach Packungsanweisung knapp bissfest garen. In einem Sieb kalt abschrecken und abtropfen lassen.

2 Inzwischen für das Tatar die Tomaten waschen, von Stielansätzen befreien und sehr fein hacken. Das Olivenfleisch von den Steinen schneiden und ebenfalls fein hacken. Die Petersilie waschen und trocken schütteln. Die Blättchen abzupfen und fein hacken. Den Knoblauch schälen und zu den Tomaten pressen. Oliven, Petersilie und Öl ebenfalls untermischen und das Tatar mit Salz und Harissa würzen.

3 Den Parmesan fein reiben. Nudeln mit Ei, Mehl und geriebenem Parmesan vermengen und mit Salz und Pfeffer würzen.

4 Das Öl am besten gleichzeitig in zwei Pfannen erhitzen. Die Nudelmasse mithilfe von zwei Esslöffeln als kleine Häufchen in die Pfannen setzen und möglichst rund formen. Die Spaghettipuffer bei mittlerer Hitze 3–4 Min. braten, bis sie knusprig sind. Umdrehen und auch die anderen Seiten in ca. 3 Min. knusprig braten.

5 Die knusprigen Puffer mit dem Tomatentatar servieren.

❤ NUDEL DICH NOCH GLÜCKLICHER
Die Puffer schmecken nicht nur im Sommer mit sonnengereiften Tomaten, sondern das ganze Jahr: im Frühling mit einem Salat aus grünem Spargel, Frühlingszwiebeln und frischen Kräutern, im Herbst mit Sauerkraut und im Winter mit Rosenkohl oder Wirsing.

SPEED REZEPT

EDAMAMENUDELN MIT AVOCADO-INGWER-PESTO

150 g Edamamenudeln (Asien- oder Bioladen oder online erhältlich)
Salz
1 große Avocado
1 EL Zitronensaft
4 Stängel Basilikum
1 Stück frischer Ingwer (ca. 3 cm)
2 EL Olivenöl
Salz
Cayennepfeffer
2 EL Kürbiskerne

FÜR 2 PERSONEN
ZUBEREITUNGSZEIT:
15 MIN.
PRO PORTION
CA. 710 KCAL,
40 G E, 45 G F, 20 G KH

1 Die Edamamenudeln in reichlich kochendem Salzwasser nach Packungsanweisung bissfest garen.

2 Inzwischen die Avocado halbieren, den Kern entfernen und das Fruchtfleisch aus den Schalen lösen. Das Avocadofruchtfleisch mit dem Zitronensaft sehr fein zerdrücken.

3 Das Basilikum waschen und trocken schütteln. Die Blättchen abzupfen und sehr fein hacken, 2 TL beiseitestellen. Den Ingwer schälen und fein reiben oder in Stücke schneiden und durch die Knoblauchpresse zum Avocadomus drücken. Avocadomus, Ingwer, Basilikum und Öl verrühren und mit Salz und Cayennepfeffer abschmecken.

4 In einer Pfanne die Kürbiskerne ohne Fett anrösten, bis sie sich leicht aufblähen. Die Nudeln abgießen und auf vorgewärmte Teller verteilen. Das Avocadomus daraufgeben. Die Nudeln mit Kürbiskernen und Basilikum bestreuen und sofort servieren.

❤ NUDEL DICH NOCH GLÜCKLICHER

Wenn du vom tollen Ingwergeschmack nicht genug kriegen kannst, dann schneide etwas eingelegten Ingwer in feine Streifen und streue ihn auf die Nudeln.

ONE-POT-PASTA MIT KARTOFFELN

1 Stange Staudensellerie (mit Blattgrün)
1 kleine rote Zwiebel
2 Knoblauchzehen
150 g vorwiegend festkochende Kartoffeln
2 Zweige Oregano
2 EL Olivenöl
1 getrocknete Chilischote
500 ml Gemüsebrühe
2 TL Tomatenmark
150 g Ditalini (ersatzweise andere kurze Nudeln)
2 Stängel Basilikum
50 g geräucherter Provolone (ersatzweise Scamorza oder Pecorino)
Salz

AUSSERDEM:
Olivenöl zum Beträufeln

FÜR 2 PERSONEN
ZUBEREITUNGSZEIT:
35 MIN.
PRO PORTION
CA. 555 KCAL,
15 G E, 25 G F, 65 G KH

1 Sellerie waschen, putzen und mit dem Grün fein hacken. Zwiebel und Knoblauch schälen und sehr fein würfeln. Die Kartoffeln schälen, waschen und in ca. 1 cm große Würfel schneiden. Den Oregano waschen und trocken schütteln. Die Blättchen abstreifen.

2 In einem Topf das Olivenöl erhitzen. Sellerie, Zwiebel und Knoblauch darin mit dem Oregano andünsten. Die Chilischote im Mörser fein zerkleinern und zugeben. Die Kartoffeln kurz anrösten. Die Brühe angießen und aufkochen. Die Kartoffeln offen bei mittlerer Hitze ca. 5 Min. garen.

3 Das Tomatenmark untermischen und die Nudeln zugeben. Alles noch ca. 15 Min. weitergaren, bis die Nudeln bissfest sind. Dabei häufig durchrühren und bei Bedarf noch etwas Flüssigkeit zugießen.

4 Das Basilikum waschen, trocken schütteln und die Blättchen abzupfen. Den Provolone reiben und unter die Kartoffel-Nudel-Mischung rühren. Alles mit Salz abschmecken und auf zwei Teller verteilen. Dann mit Basilikumblättchen garnieren, mit Olivenöl beträufeln und sofort servieren.

❤ NUDEL DICH SCHLAUER
In Süditalien, wo es One-Pot-Gerichte schon seit ewigen Zeiten gibt, wachsen Gemüse und Kartoffeln dank der vielen Sonnenstunden ziemlich üppig. Auf dem Pastateller landen hier also recht oft vegetarische Varianten, und das auch mal aus ungewöhnlichen Kombinationen wie Nudeln und Kartoffeln.

HUNGER MACHT ERFINDERISCH!

PASTA & NOODLES FOREVER!

ICH GLAUBE, ICH HABE DA EINE IDEE!
ERST MAL FLASCHE AUF …
… UND REIN MIT DEM WEIN INS NUDELWASSER!
BIS DAS ROTWEINWASSER KOCHT:
ZWIEBELN UND WALNÜSSE ANBRUTZELN.
JETZT DIE SPAGHETTI …
… INS ROTWEINWASSER.
MAL TESTEN: SIND DIE DINGER SCHON AL DENTE?
ROTWEINNUDELN, ZWIEBELN, WALNÜSSE …
… EINMAL GUT DURCHMISCHEN. UND DANN:
WOW
!!!

SPEED REZEPT

RED WINE NOODLES

500 ml trockener Rotwein
Salz
200 g Spaghetti
2 rote Zwiebeln
2 Knoblauchzehen
5 Walnusskerne
1 EL Butter
¼ TL Chiliflocken

AUSSERDEM:
40 g Parmesan
4 Stängel Basilikum

FÜR 2 PERSONEN
ZUBEREITUNGSZEIT:
20 MIN.
PRO PORTION
CA. 630 KCAL,
20 G E, 25 G F, 80 G KH

1 In einem Topf 750 ml Wasser mit Rotwein und Salz zum Kochen bringen. Die Spaghetti darin nach Packungsanweisung bissfest garen.

2 Während das Rotweinwasser heiß wird, die Zwiebeln schälen, vierteln und in feine Streifen schneiden. Den Knoblauch schälen und hacken. Die Walnusskerne ebenfalls fein hacken.

3 Die Butter in einer Pfanne zerlassen, Zwiebeln, Knoblauch, Walnüsse und Chiliflocken einrühren, alles salzen und bei mittlerer Hitze unter Rühren ca. 5 Min. dünsten. Vom Nudelkochwasser 1 kleine Kelle abnehmen und in die Pfanne geben. Die fertig gegarten Nudeln in ein Sieb abgießen, gut abtropfen lassen und ebenfalls zu der Zwiebelmischung in die Pfanne geben.

4 Den Parmesan fein reiben. Das Basilikum waschen und trocken schütteln. Die Blättchen in feine Streifen schneiden und mit 1 EL geriebenem Parmesan unter die Nudeln rühren. Die Spaghetti abschmecken und auf vorgewärmte Teller verteilen. Die Nudeln mit dem restlichen Parmesan bestreut servieren.

❤ NUDEL MAL ANDERS

Du magst es fruchtig? Die Nudeln mit nur 1 Zwiebel und ohne Basilikum und Käse zubereiten. Inzwischen 3 frische Feigen waschen, putzen und in Würfel schneiden. 4 Stängel Petersilie abbrausen, trocken schütteln und die Blättchen fein hacken. 50 g Ziegenfrischkäse klein schneiden. Die Nudeln mit Feigen, Petersilie und Ziegenfrischkäse garnieren und mit je 1 EL Olivenöl beträufelt servieren.

Noodle

SCHWARZE-BOHNEN-SPAGHETTI MIT SALSA

400 g Tomaten
1 rote Zwiebel
2 Knoblauchzehen
1 kleine rote Chilischote
1 Bio-Limette
1 EL Olivenöl
2 TL Honig
Salz
150 g Schwarze-Bohnen-Spaghetti (Asienladen oder online erhältlich)
½ Bund Koriandergrün

FÜR 2 PERSONEN
ZUBEREITUNGSZEIT: 30 MIN.
PRO PORTION CA. 390 KCAL, 35 G E, 10 G F, 25 G KH

1 Die Tomaten mit kochendem Wasser überbrühen, häuten und ohne die Stielansätze würfeln. Zwiebel und Knoblauch schälen und fein würfeln. Die Chilischote waschen und den Stiel entfernen. Die Schote aufschneiden, von Kernen befreien und fein hacken. Die Limette heiß abwaschen und abtrocknen, die Hälfte der Schale fein abreiben und den Saft auspressen.

2 Das Öl in einem Topf erhitzen und Zwiebel, Knoblauch und Chili darin unter Rühren andünsten. Die Tomaten mit Limettenabrieb und -saft zugeben, mit Honig und Salz abschmecken und offen bei mittlerer Hitze 10–15 Min. köcheln lassen, bis die Salsa leicht eindickt. Dabei ab und zu umrühren.

3 Währenddessen die Schwarze-Bohnen-Spaghetti in reichlich kochendem Salzwasser nach Packungsanweisung bissfest garen.

4 Den Koriander waschen, trocken schütteln und die Blättchen fein hacken. Die Nudeln abgießen und auf vorgewärmte Teller verteilen. Die Hälfte der Korianderblättchen unter die Salsa mischen, die Salsa mit Salz abschmecken und auf die Nudeln geben. Mit dem restlichen Koriander bestreut servieren.

❤ NUDEL DICH SCHLAUER

Nudeln aus Hülsenfrüchten gehen beim Kochen stärker auf als Nudeln aus Getreide. Deshalb braucht man für 2 Personen auch nur 150 g statt der sonst üblichen 200 g. Wer also lieber »normale« Nudeln servieren will, sollte die Pastamenge entsprechend erhöhen.

SPEED REZEPT

BROWN NOODLES

250 g braune Champignons
1 EL Zitronensaft
200 g Buchweizennudeln (Bioladen)
Salz
2 EL Haselnusskerne
3 EL Butter
2 EL Sahne
2 TL Kakaopulver
¼ TL Chilipulver

FÜR 2 PERSONEN
ZUBEREITUNGSZEIT:
20 MIN.
PRO PORTION
CA. 695 KCAL,
15 G E, 35 G F, 80 G KH

1 Die Champignons mit feuchtem Küchenpapier abreiben und die Stielenden abschneiden. Die Pilze in dünne Scheiben schneiden und mit dem Zitronensaft mischen.

2 Die Buchweizennudeln in reichlich kochendem Salzwasser nach Packungsanweisung bissfest garen.

3 Inzwischen die Haselnusskerne in Scheiben schneiden oder hacken. In einer Pfanne 1 EL Butter zerlassen und die Nüsse darin goldgelb braten. Mit einem Schaumlöffel herausheben. Die Pilze in derselben Pfanne bei mittlerer Hitze unter Rühren braten, bis sie leicht gebräunt sind. Die Sahne untermischen und die Pilze mit Salz würzen.

4 Die restliche Butter in einem kleinen Topf zerlassen, das Kakaopulver mit dem Chilipulver einrühren und kräftig salzen.

5 Die Nudeln abgießen und abtropfen lassen, mit den Pilzen mischen und auf vorgewärmte tiefe Teller verteilen. Die Nudeln mit Haselnüssen bestreuen und mit Kakaobutter beträufeln. Sofort servieren.

KAKAO-RAVIOLI MIT RICOTTA

FÜR DEN TEIG:
150 g Mehl
1 EL Kakaopulver
Salz
2 EL Puderzucker
1 Ei (M)
1 Eigelb (M)

FÜR DIE FÜLLUNG:
½ Bio-Zitrone
150 g Ricotta
1 Eigelb (M)
2 EL Puderzucker

AUSSERDEM:
Mehl zum Arbeiten
1 EL Haselnusskerne
2 EL Butter
2 TL brauner Zucker
Puderzucker zum Bestäuben

FÜR 2 PERSONEN
ZUBEREITUNGSZEIT:
1 STD. 15 MIN.
PRO PORTION
CA. 955 KCAL,
30 G E, 40 G F, 120 G KH

1 Für den Teig das Mehl mit Kakaopulver, 1 Prise Salz und Puderzucker mischen. Das Ei und das Eigelb mit ca. 2 EL Wasser zugeben und alles zu einem glatten, geschmeidigen Teig verkneten. Den Teig zu einer Kugel formen, in ein Küchentuch wickeln und bei Zimmertemperatur ca. 30 Min. ruhen lassen.

2 Inzwischen für die Füllung die Zitronenhälfte heiß abwaschen, abtrocknen und die Schale fein abreiben. Den Ricotta mit Zitronenabrieb, Eigelb und Puderzucker verrühren.

3 Den Nudelteig in zwei Portionen teilen und jeweils in der Nudelmaschine oder mit dem Nudelholz auf wenig Mehl zu gleichmäßig großen, dünnen Platten ausrollen. Auf einer Platte im Abstand von 4 cm je 1 TL Ricottafüllung geben, mit der übrigen Teigplatte abdecken. Beide Teigplatten zwischen den Füllungen gut zusammendrücken und Ravioli ausschneiden. Die Ränder der Ravioli mit den Zinken einer Gabel festdrücken.

4 Die Ravioli in reichlich siedendem Salzwasser in ca. 4 Min. bei mittlerer Hitze bissfest garen. Inzwischen die Haselnusskerne hacken. Die Butter in einer Pfanne schmelzen und die gehackten Haselnüsse darin mit dem Zucker anrösten. Die Ravioli abgießen, auf tiefe Teller verteilen und die Haselnussbutter darüberträufeln. Die Ravioli mit Puderzucker bestäuben und warm servieren.

❤ NUDEL MAL ANDERS
Statt der Haselnussbutter kannst du zu den Ravioli auch einen Himbeerdip oder eine Schokosauce servieren.

GLOBETROTTER

Nudeln aus aller Welt

BLUTWURST-MAULTASCHEN MIT APFELKOMPOTT

FÜR DEN TEIG:
100 g Mehl
Salz
1 Eigelb (M)
2 TL neutrales Öl

FÜR DIE FÜLLUNG:
1 Scheibe altbackenes Weißbrot
1 Zwiebel
2 Zweige Salbei (ca. 15 Blättchen)
½ Bio-Zitrone
1 EL Butter
125 g schnittfeste Blutwurst
1 Eiweiß (M)
Salz
Pfeffer
frisch geriebene Muskatnuss

FÜR DAS KOMPOTT:
2 Äpfel
1 EL Butter
2 EL brauner Zucker
½ TL Zimtpulver

AUSSERDEM:
Mehl zum Arbeiten
2 EL Butter
6 Wacholderbeeren

FÜR 2 PERSONEN
ZUBEREITUNGSZEIT:
1 STD. 15 MIN.
PRO PORTION
CA. 810 KCAL,
20 G E, 45 G F, 80 G KH

1 Für den Teig das Mehl mit 1 TL Salz vermischen. Eigelb, Öl und ca. 4 EL Wasser zugeben und alles glatt kneten. Den Teig in ein Küchentuch wickeln und bei Zimmertemperatur ca. 30 Min. ruhen lassen.

2 Inzwischen für die Füllung das Brot in lauwarmem Wasser einweichen. Die Zwiebel schälen und fein hacken. Salbei waschen, trocken schütteln, die Blättchen abzupfen und in Streifen schneiden. Die Zitronenhälfte heiß abwaschen und abtrocknen, die Schale abreiben. Die Butter in einem kleinen Topf zerlassen und die Zwiebel mit dem Salbei darin glasig dünsten. Abkühlen lassen, dann den Zitronenabrieb untermischen. Das Weißbrot ausdrücken und zerpflücken. Die Blutwurst mit einer Gabel zerdrücken und mit Brot, Zwiebelmischung und Eiweiß vermengen. Mit Salz, Pfeffer und Muskat würzen.

3 Für das Kompott die Äpfel vierteln, schälen, vom Kerngehäuse befreien und würfeln. Butter und Zucker in einem kleinen Topf schmelzen. Die Apfelwürfel zugeben und kurz andünsten. Zimt und 50 ml Wasser zugeben und die Äpfel zugedeckt bei schwacher Hitze in ca. 5 Min. weich garen. In einer Schüssel abkühlen lassen.

4 Den Teig auf der bemehlten Arbeitsfläche sehr dünn ausrollen und in ca. 6 × 12 cm große Rechtecke schneiden. Jeweils auf einer Seite ca. ¾ EL Füllung verteilen, den Teig darüberklappen und die Ränder fest zusammendrücken.

5 Reichlich Salzwasser in einem Topf aufkochen. Die Maultaschen darin bei mittlerer Hitze in ca. 7 Min. garen. Inzwischen die Butter in einer Pfanne zerlassen. Die Wacholderbeeren im Mörser zerdrücken und in die Pfanne geben. Die Maultaschen mit einem Schaumlöffel aus dem Topf heben und auf Teller verteilen. Mit der Wacholderbutter beträufeln und mit Apfelkompott servieren.

PIZOKEL MIT GEMÜSE

FÜR DEN TEIG:
60 g Weizenmehl
90 g Buchweizenmehl
Salz
1 Ei (M)
1 Eigelb (M)
ca. 90 ml Mineralwasser
mit Kohlensäure

FÜR DAS GEMÜSE:
250 g Mangoldblätter (am besten
rot- und gelbgeäderte gemischt)
1 Zucchino
1 kleine rote oder gelbe Paprika
Salz
40 g Butter
Pfeffer

FÜR 2 PERSONEN
ZUBEREITUNGSZEIT:
1 STD.
PRO PORTION
CA. 520 KCAL,
15 G E, 25 G F, 55 G KH

1 Für den Teig beide Mehlsorten mit ½ TL Salz mischen. Ei, Eigelb und Mineralwasser zugeben und alles zu einem zähflüssigen Teig verrühren. Sollte er zu fest sein, noch etwas Wasser untermischen. Den Teig ca. 30 Min. ruhen lassen.

2 Inzwischen für das Gemüse den Mangold und den Zucchino waschen und putzen. Mangold in Streifen, Zucchino erst in Scheiben, dann in Stifte schneiden. Die Paprika halbieren, weiße Trennwände und Kerne entfernen, die Hälften waschen und in Streifen schneiden. In einem Topf Salzwasser zum Kochen bringen. Das Gemüse darin ca. 2 Min. sprudelnd kochen lassen, dann in ein Sieb abgießen, kalt abschrecken und abtropfen lassen.

3 Erneut Salzwasser zum Kochen bringen. Den Pizokelteig portionsweise auf ein Brett geben und mit einem großen Messer breite Streifen davon ins Wasser streichen. Die Pizokel einmal aufkochen, dann kalt abschrecken und abtropfen lassen.

4 Die Butter in einer großen Pfanne zerlassen. Die Pizokel mit dem Gemüse darin schwenken und alles erhitzen. Mit Salz und Pfeffer abschmecken und sofort servieren.

❤ NUDEL DICH SCHLAUER

Im schweizerischen Graubünden kocht man gerne mit Buchweizen, der den an Spätzle erinnernden Pizokel das besondere Aroma gibt. Und bei den direkten Nachbarn im italienischen Veltlin ebenso. Da gibt es Pizzoccheri, Buchweizennudeln mit Wirsingstreifen, Kartoffelwürfeln, Zwiebeln, Knoblauch und Käse, die man nach dem Kochen noch einmal im Ofen gratiniert.

ÄLPLERMAGRONEN MIT BIRNENKOMPOTT

FÜR DAS KOMPOTT:
2 große reife Birnen
1 EL Zitronensaft
1 EL brauner Zucker

FÜR DIE ÄLPLERMAGRONEN:
150 g festkochende Kartoffeln
1 Zwiebel
150 g mittelalter Alpkäse (ersatzweise Bergkäse)
1 EL Butter
Salz
150 g kurze Makkaroni (ersatzweise Hörnchennudeln)
100 g Sahne
Pfeffer
frisch geriebene Muskatnuss

FÜR 2 PERSONEN
ZUBEREITUNGSZEIT:
35 MIN.
PRO PORTION
CA. 800 KCAL,
25 G E, 40 G F, 85 G KH

1 Für das Kompott die Birnen schälen, vierteln und vom Kerngehäuse befreien. Die Birnenviertel in Schnitze schneiden und mit dem Zitronensaft in einem Topf vermengen. Den Zucker und 50 ml Wasser zugeben und alles erhitzen. Die Birnenschnitze zugedeckt bei schwacher Hitze in ca. 5 Min. nicht zu weich garen. In eine Schüssel füllen und abkühlen lassen.

2 Für die Älplermagronen die Kartoffeln schälen, waschen und in ca. 1 cm große Würfel schneiden. Die Zwiebel schälen und fein würfeln. Den Käse ebenfalls in kleine Würfel schneiden.

3 In einem großen Topf die Butter zerlassen und die Zwiebel darin andünsten. Die Kartoffeln zugeben, mit 700 ml Wasser aufgießen, salzen und offen ca. 2 Min. garen. Dann die Makkaroni zugeben und alles weitere 8 Min. kochen lassen, bis Kartoffeln und Nudeln weich werden und die Flüssigkeit fast aufgesogen haben. Zwischendurch immer mal wieder durchrühren.

4 Die Sahne zugeben und alles unter Rühren weitergaren, bis die Sauce leicht sämig ist. Die Älplermagronen mit Salz, Pfeffer und Muskat abschmecken. Den Topf vom Herd ziehen, den Käse unterheben und nur kurz anschmelzen lassen. Die Älplermagronen auf vorgewärmte Teller verteilen und mit den Birnenschnitzen servieren.

❤ NUDEL DICH SCHLAUER

Im Berner Oberland ziehen die Sennen nach wie vor im Sommer einige Monate mit ihren Kühen auf die Alp und produzieren Käse aus der würzigen Milch. Der macht dieses traditionelle Gericht aus einfachen Zutaten besonders köstlich.

SPEED REZEPT

SPAGHETTI MIT PIKANTER SARDELLENSAUCE

2 Zwiebeln
2 kleine Zweige Salbei (ca. 10 Blättchen)
2 EL Olivenöl
200 g Vollkorn-Spaghetti
Salz
30 g Sardellenfilets in Öl
3 Stängel Petersilie
Pfeffer

AUSSERDEM:
Olivenöl zum Servieren

FÜR 2 PERSONEN
ZUBEREITUNGSZEIT: 20 MIN.
PRO PORTION CA. 530 KCAL, 20 G E, 20 G F, 70 G KH

1 Die Zwiebeln schälen und fein würfeln. Den Salbei waschen und trocken schütteln, die Blättchen in feine Streifen schneiden. Das Öl in einem Topf erhitzen und die Zwiebeln mit dem Salbei darin anschwitzen. Die Zwiebeln offen bei mittlerer Hitze ca. 10 Min. farblos dünsten, bis sie schön weich sind. Dabei häufig durchrühren.

2 Inzwischen die Spaghetti in reichlich kochendem Salzwasser nach Packungsanweisung bissfest garen.

3 Die Sardellenfilets abtropfen lassen und sehr fein schneiden. Die Petersilie abbrausen und trocken schütteln, die Blättchen abzupfen und ebenfalls fein schneiden. Die Sardellen zu den Zwiebeln geben und unter Rühren ca. 1 Min. mitdünsten. Mit Salz und Pfeffer abschmecken und ca. 1 EL Nudelkochwasser unterrühren.

4 Die Nudeln abgießen, kurz abtropfen lassen und mit der Petersilie zu den Zwiebeln geben. Alles gut mischen und auf vorgewärmte Teller verteilen. Mit Olivenöl beträufelt servieren.

❤ NUDEL DICH SCHLAUER

Dieses Rezept haben die Venezianer schon im Mittelalter erfunden, und sie bereiten es bis heute zu, am liebsten mit dunklen Vollkornnudeln, Bigoli genannt.

FETTUCCINE ALLA ROMANA

5 g getrocknete Steinpilze
150 g Hühnerlebern
1 kleine Zwiebel
1 Knoblauchzehe
1 kleiner Zweig Salbei
2 große Tomaten
2 EL Olivenöl
Salz
1 Prise Chilipulver
200 g Fettuccine

AUSSERDEM:
Kaffeefiltertüte

FÜR 2 PERSONEN
ZUBEREITUNGSZEIT:
35 MIN.
RUHEZEIT:
30 MIN.
PRO PORTION
CA. 570 KCAL,
30 G E, 15 G F, 75 G KH

1 Die Steinpilze in 100 ml lauwarmem Wasser einweichen und ca. 30 Min. quellen lassen. Anschließend aus dem Wasser heben und in kleine Würfel schneiden. Das Einweichwasser durch eine Filtertüte gießen und auffangen.

2 Die Hühnerlebern kalt abspülen, trocken tupfen und in kleine Würfel schneiden. Zwiebel und Knoblauch schälen und fein hacken. Den Salbei waschen und trocken schütteln. Die Blättchen abzupfen und fein hacken. Die Tomaten mit kochendem Wasser überbrühen, häuten und ohne die Stielansätze würfeln.

3 Das Öl in einer Pfanne erhitzen, die Zwiebel darin mit Knoblauch, Salbei und Pilzen bei mittlerer Hitze andünsten. Die Tomaten mit dem Einweichwasser der Pilze zugeben, mit Salz und Chilipulver würzen und offen bei schwacher bis mittlerer Hitze ca. 10 Min. garen. Dabei immer wieder umrühren. Dann die Leber zugeben und alles bei etwas höherer Hitze noch einmal ca. 10 Min. garen, bis die Sauce sämig ist.

4 Inzwischen die Fettuccine in reichlich kochendem Salzwasser nach Packungsanweisung bissfest garen. Die Nudeln abgießen, abtropfen lassen und auf vorgewärmte Teller verteilen. Die Sauce mit Salz abschmecken und auf die Nudeln geben. Sofort servieren.

❤ NUDEL DICH SCHLAUER

Vierzig Jahre nach dem ersten jüdischen Ghetto in Venedig entstand auch in Rom ein mit einer Mauer umschlossenes Stadtviertel für die jüdischen Bewohner. Hier hielten sich Bräuche, sei es im täglichen Leben oder eben in der Küche, besonders lang. Und so findet man in Rom auch heute noch neben vielen Artischockenrezepten zahlreiche Gerichte mit Innereien wie hier mit Hühnerleber.

MALFATTI AL SUGO DI CINGHIALE

FÜR DEN TEIG:
½ Döschen Safranfäden (ca. 0,05 g)
150 g Mehl (am besten Hartweizenmehl)
Salz

FÜR DEN SUGO:
250 g Wildschweinfleisch ohne Knochen
1 Zwiebel
1 Knoblauchzehe
1 kleine Möhre
½ Stange Staudensellerie
1 Zweig Rosmarin
2 Zweige Thymian
2 EL Olivenöl
ca. 100 ml trockener Rotwein
100 g stückige Tomaten (Dose)
Salz
Pfeffer

AUSSERDEM:
Mehl zum Arbeiten

FÜR 2 PERSONEN
ZUBEREITUNGSZEIT:
1 STD. 15 MIN.
RUHEZEIT:
15 MIN.
PRO PORTION
CA. 625 KCAL,
35 G E, 25 G F, 60 G KH

1 Für den Teig die Safranfäden zwischen den Fingern leicht zerreiben und in knapp 70 ml lauwarmem Wasser einweichen. Ca. 15 Min. stehen lassen, bis sich das Wasser orange verfärbt hat.

2 Mehl mit ½ TL Salz mischen. Safranwasser zugeben und alles glatt und geschmeidig kneten. Den Teig zu einer Kugel formen, in ein Tuch wickeln und bei Zimmertemperatur ca. 30 Min. ruhen lassen.

3 Inzwischen für den Sugo das Fleisch klein würfeln, größere Fettstücke und Sehnen entfernen. Zwiebel, Knoblauch und Möhre schälen und fein würfeln. Sellerie waschen, putzen und ebenfalls klein würfeln. Die Kräuter waschen und trocken schütteln. Die Nadeln bzw. Blättchen abzupfen oder -streifen und fein hacken.

4 Das Öl in einem Topf erhitzen. Zwiebel, Knoblauch, Möhre und Sellerie andünsten. Fleisch zugeben und braun braten. Kräuter zufügen, dann alles mit Wein und Tomaten ablöschen. Den Sugo zugedeckt bei schwacher Hitze ca. 1 Std. schmoren. Dabei ab und zu umrühren und bei Bedarf noch etwas Wein (oder Wasser) unterrühren.

5 Den Teig erneut durchkneten, auf wenig Mehl oder in der Nudelmaschine dünn ausrollen und in ungleichmäßige Stücke schneiden. Auf einem bemehlten Küchentuch kurz antrocknen lassen. Dann die Nudeln in reichlich kochendem Salzwasser in ca. 3 Min. bissfest garen. Den Sugo mit Salz und Pfeffer abschmecken. Die Malfatti abgießen und mit dem Sugo mischen. Sofort servieren.

❤ NUDEL DICH NOCH GLÜCKLICHER

Italienische Pasta ohne Käse – für dich undenkbar? Dann kurz vor dem Servieren Pecorino reiben und über die Malfatti streuen.

TAGLIATELLETORTE

FÜR DEN TEIG:
200 g Mehl
50 g Zucker
Salz
1 Bio-Zitrone
50 g weiche Butter
2 Eier (M)

FÜR DIE FÜLLUNG:
100 g Mehl
3 Eier (M)
200 g Mandelblättchen
100 g Zartbitter-Schokolade
100 g Butter
100 g Zucker
3 Tropfen Bittermandelöl

AUSSERDEM:
Springform (26 cm ∅)
Butter für die Form
Mehl zum Arbeiten
Puderzucker zum Bestäuben

FÜR 1 SPRINGFORM (26 CM ∅)
ZUBEREITUNGSZEIT:
1 STD. 30 MIN.
BACKZEIT:
40 MIN.
PRO STÜCK (BEI 12)
CA. 420 KCAL,
10 G E, 25 G F, 35 G KH

1 Für den Teig Mehl mit Zucker und 1 Prise Salz mischen. Die Zitrone heiß abwaschen und abtrocknen, die Schale fein abreiben und zugeben. Die Butter in Stücke schneiden und mit den Eiern ebenfalls zufügen. Alles glatt kneten.

2 Die Springform fetten. Den Teig zu einer Kugel formen, zwischen zwei Backpapieren rund ausrollen und in die Form legen. Dabei einen 2–3 cm hohen Rand formen. Den Teig ca. 1 Std. kalt stellen.

3 Inzwischen für die Füllung das Mehl mit 1 Ei zu einem glatten Teig verkneten. Den Teig zu einer Kugel formen und in einem Küchentuch bei Zimmertemperatur ca. 30 Min. ruhen lassen. Währenddessen die Mandelblättchen fein hacken. Die Schokolade in ca. 1 cm große Würfel schneiden. Die Butter zerlassen.

4 Den Teig erneut durchkneten, leicht bemehlen und in der Nudelmaschine oder mit dem Nudelholz dünn ausrollen. Die Teigplatte zu dünnen Bandnudeln schneiden, mit den Fingerspitzen lockern und auf einem bemehlten Küchentuch kurz ruhen lassen.

5 Den Backofen auf 180° vorheizen. Ca. zwei Drittel der Butter mit den restlichen Eiern, Zucker und Bittermandelöl verrühren. Die gehackten Mandeln untermischen. Die Mandelmasse auf den Teig geben, die Schokoladenstücke darüberstreuen. Die Nudeln darauf verteilen und mit der restlichen zerlassenen Butter beträufeln.

6 Die Tagliatelletorte im heißen Ofen (Mitte) ca. 40 Min. backen, bis die Oberfläche schön gebräunt ist. Die Torte abkühlen lassen, aus der Form lösen und vor dem Servieren mit Puderzucker bestäuben.

❤ NUDEL DICH NOCH GLÜCKLICHER
Wer mag, beträufelt die noch warme Torte mit 1–2 EL Amaretto oder auch Grand Marnier.

NUDELPAELLA FIDEUÀ

8 rohe Garnelen (am besten ungeschält)
300 g Seeteufelfilet (ersatzweise anderes festfleischiges Fischfilet)
1 EL Zitronensaft
½ Döschen Safranfäden (ca. 0,05 g, ersatzweise 1 Msp. Safranpulver)
450 ml Gemüsebrühe
1 Zwiebel
2 Knoblauchzehen
1 grüne Paprika
150 g Kirschtomaten
1 EL Oliven
3 EL Olivenöl
Salz
150 g kurze Fadennudeln (ersatzweise lange Fadennudeln in kurze Stücke brechen)
1 TL rosenscharfes Paprikapulver

AUSSERDEM:
½ Bund Petersilie
½ Bio-Zitrone

FÜR 2 PERSONEN
ZUBEREITUNGSZEIT:
35 MIN.
PRO PORTION
CA. 665 KCAL,
50 G E, 25 G F, 60 G KH

1 Die Garnelen und den Fisch kalt abspülen und trocken tupfen. Den Fisch in kleine Würfel schneiden, beides mit Zitronensaft beträufeln. Die Safranfäden zwischen den Fingern leicht zerreiben und in die Brühe rühren. Zwiebel und Knoblauch schälen und fein hacken. Die Paprika halbieren, weiße Trennwände und Kerne entfernen, die Hälften waschen und würfeln. Die Tomaten kurz mit kochendem Wasser überbrühen und häuten. Die Oliven nach Belieben in Ringe schneiden.

2 2 EL Öl in einer weiten Pfanne – am besten mit Deckel – oder einem Wok erhitzen. Die Garnelen darin ca. 30 Sek. bei starker Hitze braten, herausnehmen und salzen. Dann die Fischwürfel in die Pfanne geben und ca. 1 Min. braten. Ebenfalls herausnehmen und leicht salzen. Das restliche Öl in der Pfanne erhitzen, Zwiebel, Knoblauch und Paprika zugeben und unter Rühren 1–2 Min. andünsten. Dann die Nudeln untermischen und so lange braten, bis sie leicht gebräunt sind.

3 Tomaten, Safranbrühe und Oliven zugeben, alles mit Salz und Paprikapulver würzen und bei mittlerer Hitze offen 3–4 Min. garen, bis die Flüssigkeit fast aufgesogen ist. Garnelen und Fischwürfel auf die Paella legen, zudecken und in 1–2 Min. wieder heiß werden lassen.

4 Inzwischen die Petersilie kalt abbrausen und trocken schütteln. Die Blättchen abzupfen und fein hacken. Die Zitrone heiß abwaschen, abtrocknen und in Schnitze schneiden. Die Paella abschmecken, mit Petersilie bestreuen, mit Zitronenschnitzen belegen und servieren.

JUVETSI

250 g mageres Lammfleisch ohne Knochen (z. B. aus der Schulter)
2 Zwiebeln
4 Knoblauchzehen
6 Zweige Thymian
500 g Tomaten
1 große Orange
2 EL Olivenöl
1 Prise Zucker
100 ml trockener Rotwein
Salz
Pfeffer
½ TL Zimtpulver
150 g Kritharaki (Risoni)

AUSSERDEM:
50 g Schafskäse (Feta, ersatzweise Frischkäse)

FÜR 2 PERSONEN
ZUBEREITUNGSZEIT:
40 MIN.
GARZEIT:
1 STD. 15 MIN.
PRO PORTION
CA. 755 KCAL,
40 G E, 25 G F, 75 G KH

1 Das Fleisch von größeren Fettstücken befreien und in ca. 1 cm große Würfel schneiden. Die Zwiebeln schälen und achteln. Den Knoblauch schälen und vierteln. Den Thymian waschen und trocken schütteln, die Blättchen von den Zweigen streifen. Die Tomaten mit kochendem Wasser überbrühen, häuten und ohne die Stielansätze würfeln. Die Orange auspressen, es werden ca. 125 ml Saft benötigt.

2 Den Backofen auf 180° vorheizen. In einem Schmortopf mit Deckel das Öl erhitzen. Das Fleisch darin rundherum gut anbraten und wieder aus dem Topf nehmen. Die Zwiebeln mit dem Zucker ins Bratfett geben und bei mittlerer Hitze ca. 5 Min. dünsten. Den Knoblauch und den Thymian kurz mitdünsten.

3 Die Tomaten und den Wein zugeben und den Bratensatz damit lösen. Den Orangensaft angießen und die Sauce mit Salz, Pfeffer und Zimt würzen. Das Fleisch wieder zugeben und alles zugedeckt ca. 1 Std. im heißen Ofen (Mitte) schmoren.

4 Anschließend die Nudeln mit ca. 125 ml Wasser untermischen. Den Topf offen für ca. 15 weitere Min. in den Ofen stellen, bis die Nudeln gar sind. Zwischendurch ein- bis zweimal durchrühren. Die Nudeln sollen nicht zu weich werden.

5 Den Schafskäse fein zerkrümeln. Juvetsi mit Salz und Pfeffer abschmecken und mit Käse bestreut servieren.

TÜRKISCHE TEIGTASCHEN MIT LAMMFÜLLUNG

FÜR DEN TEIG:
2 TL Butter
200 g Mehl
Salz
1 Eigelb (M)

FÜR DIE FÜLLUNG:
1 Frühlingszwiebel
½ Bund Petersilie
2 Zweige Minze
150 g Lammhackfleisch (ersatzweise Rinderhackfleisch)
Salz
Pfeffer
1 TL rosenscharfes Paprikapulver

FÜR DIE SAUCE:
2 EL Butter
1 TL rosenscharfes Paprikapulver

AUSSERDEM:
Mehl zum Arbeiten

FÜR 2 PERSONEN
ZUBEREITUNGSZEIT:
1 STD. 15 MIN.
PRO PORTION
CA. 730 KCAL,
25 G E, 35 G F, 80 G KH

1 Für den Teig die Butter bei kleiner Hitze zerlassen und mit dem Mehl, 1 kräftigen Prise Salz, dem Eigelb und ca. 75 ml lauwarmem Wasser zu einem geschmeidigen Teig verkneten. In ein feuchtes Küchentuch hüllen und ca. 30 Min. ruhen lassen.

2 Inzwischen für die Füllung die Frühlingszwiebel waschen, putzen und mit dem Grün sehr fein hacken. Die Kräuter kalt abbrausen und trocken schütteln. Die Blättchen abzupfen und fein hacken. Das Lammhack mit der Frühlingszwiebel, den Kräutern, Salz, Pfeffer und Paprikapulver gründlich vermengen.

3 Den Teig erneut durchkneten, auf der bemehlten Arbeitsfläche dünn ausrollen und in 4 cm große Quadrate schneiden. Jeweils ca. ½ TL Füllung daraufgeben und die vier Teigecken zur Mitte über die Füllung klappen. Die Teigränder gut zusammendrücken.

4 In einem großen Topf reichlich Salzwasser zum Kochen bringen. Die Teigtaschen darin in 3–4 Min. bissfest garen. Währenddessen für die Sauce die Butter zerlassen und das Paprikapulver einrühren. Die Teigtaschen vorsichtig abgießen, auf Teller verteilen, mit der Paprikabutter beträufeln und sofort servieren.

❤ NUDEL DICH NOCH GLÜCKLICHER

Lammhackfleisch gibt es im türkischen Lebensmittelladen oder – oft allerdings nur auf Vorbestellung – beim Metzger. Als Ersatz eignet sich aber auch Rinderhack.

TÜRKISCHE NUDELN MIT PAPRIKA UND JOGHURT

2 Knoblauchzehen
300 g Spitzpaprika
1 Bund Petersilie
200 g Spaghetti
Salz
2 EL Olivenöl
2 TL Tomatenmark
Chiliflocken (nach Belieben)
100 g Naturjoghurt
50 g Schafskäse (Feta)

FÜR 2 PERSONEN
ZUBEREITUNGSZEIT:
30 MIN.
PRO PORTION
CA. 565 KCAL,
20 G E, 20 G F, 80 G KH

1 Den Knoblauch schälen und fein hacken. Die Paprika halbieren, weiße Trennwände und Kerne entfernen, die Hälften waschen und in feine Streifen schneiden. Die Petersilie waschen und trocken schütteln. Die Blättchen abzupfen und fein hacken.

2 Die Spaghetti in reichlich kochendem Salzwasser nach Packungsanweisung bissfest garen.

3 Inzwischen das Öl in einem Topf erhitzen. Die Paprika darin bei mittlerer Hitze unter Rühren in 4–5 Min. bissfest garen. Den Knoblauch zugeben und kurz mit andünsten. Das Tomatenmark unterrühren und 1 Min. mitbraten. Dann alles mit 3–4 EL Nudelkochwasser ablöschen und mit Salz und nach Belieben Chiliflocken abschmecken.

4 Den Joghurt salzen. Den Schafskäse fein zerkrümeln. Die Nudeln in ein Sieb abgießen, mit Paprika und Petersilie mischen und auf vorgewärmte Teller verteilen. Den Joghurt daraufgeben und alles mit etwas Schafskäse bestreuen. Die Nudeln sofort servieren und den restlichen Feta in einem Schälchen dazu reichen.

❤ NUDEL DICH SCHLAUER
In der Türkei bekommt man nicht nur überall Tomatenmark, sondern auch Paprikamark, mit dem dieses Rezept üblicherweise zubereitet wird. Einfach mal beim Türken umsehen, vielleicht hat er es ja. Es schmeckt richtig lecker!

NUDELSUPPE ALI BABA

200 g festfleischiger Fisch
(z. B. Seeteufel oder Goldbarsch)
1 EL Zitronensaft
½ Bund Petersilie
½ Bund Schnittlauch
2 Stängel Dill
2 Stängel Koriandergrün
1 Frühlingszwiebel
2 Knoblauchzehen
1 rote Chilischote
1 EL Olivenöl
50 g rote Linsen
500 ml Gemüsebrühe
2 TL Tomatenmark
75 g Kritharaki (Risoni)
Salz

AUSSERDEM:
50 g Naturjoghurt

FÜR 2 PERSONEN
ZUBEREITUNGSZEIT:
30 MIN.
PRO PORTION
CA. 395 KCAL,
35 G E, 10 G F, 45 G KH

1 Das Fischfilet in 1 cm große Würfel schneiden und mit dem Zitronensaft mischen. Die Kräuter waschen und trocken schütteln. Petersilien-, Dill- und Korianderblättchen von den Stängeln zupfen und fein hacken. Den Schnittlauch in feine Röllchen schneiden. 1 EL der Kräutermischung beiseitelegen.

2 Die Frühlingszwiebel waschen, putzen und mit dem Grün in feine Ringe schneiden. Den Knoblauch schälen. Die Chilischote waschen und den Stielansatz entfernen. Die Schote mit den Kernen und dem Knoblauch sehr fein hacken.

3 In einem Topf das Olivenöl erhitzen. Frühlingszwiebelringe und Knoblauch-Chili-Mischung darin andünsten. Die roten Linsen und die Kräuter kurz mitdünsten. Die Brühe angießen und aufkochen. Die Suppe 5 Min. köcheln lassen. Das Tomatenmark einrühren und die Kritharaki in die heiße Brühe geben.

4 Alles offen bei mittlerer Hitze ca. 8 Min. kochen lassen, bis die Nudeln bissfest sind. Die Fischwürfel in die Suppe geben und in 1–2 Min. darin gar ziehen lassen. Die Suppe mit Salz abschmecken und die restlichen Kräuter untermischen. Die Suppe auf Teller verteilen und den Joghurt dazu reichen.

PASTA MIT WÜRZIGEM LAMMRAGOUT

1 Zwiebel
2 Knoblauchzehen
½ Bund Koriandergrün
200 g Lammfleisch ohne Knochen (z. B. aus der Schulter)
2 EL Olivenöl
2 TL edelsüßes Paprikapulver
1 TL rosenscharfes Paprikapulver
1 TL gemahlener Kreuzkümmel
1 TL Ras el Hanout
Salz
Pfeffer
1 EL Rosinen
2 TL Tomatenmark
½ Granatapfel
2 TL Granatapfelsirup
200 g Casarecce (ersatzweise Rigatoni oder Penne)

AUSSERDEM:
1 EL Pinienkerne

FÜR 2 PERSONEN
ZUBEREITUNGSZEIT:
30 MIN.
GARZEIT:
45 MIN.
PRO PORTION
CA. 750 KCAL,
30 G E, 25 G F, 95 G KH

1 Zwiebel und Knoblauch schälen und fein würfeln. Das Koriandergrün waschen und trocken schütteln. Die Blättchen abzupfen, hacken und ca. 2 TL beiseitelegen. Das Fleisch von größeren Fettstücken und dicken Sehnen befreien und 1 cm groß würfeln.

2 Das Öl in einem Topf erhitzen und das Lammfleisch darin von allen Seiten anbraten. Zwiebel und Knoblauch zugeben und 1–2 Min. mitbraten. Die Gewürze vermengen, zugeben und kurz mit anrösten. Dann den Koriander untermischen, alles mit 125 ml Wasser aufgießen, salzen und pfeffern. Die Rosinen und das Tomatenmark einrühren und das Fleisch zugedeckt bei schwacher Hitze 35–45 Min. schmoren, bis es weich und zart ist.

3 Die Granatapfelhälfte noch einmal halbieren. Aus einem Viertel die Kerne herauslösen, das andere Viertel so gut wie möglich auspressen. Den Saft und den Granatapfelsirup zum Lammragout geben.

4 Die Nudeln in reichlich kochendem Salzwasser nach Packungsanweisung bissfest garen. Währenddessen die Pinienkerne in einer Pfanne ohne Fett bei mittlerer Hitze goldgelb rösten. Die Nudeln in ein Sieb abgießen und abtropfen lassen. Die Granatapfelkerne unter das Lammragout mischen und das Ragout abschmecken.

5 Die Nudeln auf tiefe Teller verteilen und mit dem Ragout bedecken. Mit Pinienkernen und dem beiseitegestellten Koriander bestreuen und sofort servieren.

NUDELSUPPENBOWL

½ Bio-Zitrone
1 Dose Kichererbsen (ca. 240 g Abtropfgewicht)
2 EL Olivenöl
1 EL Naturjoghurt
½ EL Tahin (Sesampaste)
½ TL Harissa
Salz
100 g Kritharaki (Risoni, ersatzweise Ditalini)
200 g Mangold
½ Zucchino
½ Paprika
500 ml Gemüsebrühe
½ Döschen Safranfäden (ca. 0,05 g)
½ TL Ras el Hanout

AUSSERDEM:
1 Zweig Minze

FÜR 2 PERSONEN
ZUBEREITUNGSZEIT:
35 MIN.
PRO PORTION
CA. 425 KCAL,
15 G E, 15 G F, 50 G KH

1 Die Zitronenhälfte heiß abwaschen und abtrocknen. Die Schale fein abreiben und den Saft auspressen. Die Kichererbsen so lange in einem Sieb kalt abbrausen, bis das Wasser klar bleibt. Die Hälfte der Kichererbsen mit Olivenöl, Joghurt, Tahin, Zitronensaft und Harissa fein pürieren und mit Zitronenabrieb und Salz abschmecken.

2 Die Nudeln in reichlich kochendem Salzwasser nach Packungsanweisung bissfest garen, dann in ein Sieb abgießen, kalt abschrecken und abtropfen lassen.

3 Den Mangold waschen und putzen. Stiele und Blätter getrennt voneinander in Streifen schneiden. Zucchino waschen, putzen und würfeln. Die Paprikahälfte von Trennwänden und Kernen befreien, waschen und in feine Streifen schneiden. Die Brühe in einem Topf erhitzen. Mangoldstiele, Zucchiniwürfel und Paprika darin in ein paar Min. nach Packungsanweisung knapp bissfest kochen. Mangoldblätter zugeben und das Gemüse weitere 2 Min. garen.

4 Inzwischen die Safranfäden zwischen den Fingerspitzen leicht zerreiben und mit wenig warmem Wasser verrühren. Die Minze abbrausen, trocken schütteln und die Blättchen fein hacken.

5 Die Brühe mit Gemüse, den übrigen Kichererbsen, Nudeln und Safranwasser auf zwei Schüsseln aufteilen. Die Nudelsuppenbowls mit Salz und Ras el Hanout abschmecken, mit Minze bestreuen und mit dem Zitronenhummus servieren.

❤ NUDEL DICH NOCH GLÜCKLICHER

Das Hummus schmeckt nicht nur hervorragend zur Suppe, es gibt auch einen super Pestoersatz ab – z. B. zu Buchweizen- oder Steinpilznudeln mit Grillgemüse.

SPEED REZEPT

SOPA DE FIDEOS

2 Tomaten
1 kleine Zwiebel
1 kleine Knoblauchzehe
¼ Bund Koriandergrün
Salz
2 EL Olivenöl
100 g kurze Fadennudeln (ersatzweise lange Fadennudeln in kurze Stücke brechen)
Chilipulver (nach Belieben)

AUSSERDEM:
½ Limette

FÜR 2 PERSONEN
ZUBEREITUNGSZEIT:
20 MIN.
PRO PORTION
CA. 285 KCAL,
5 G E, 10 G F, 40 G KH

1 Die Tomaten waschen, von Stielansätzen befreien und würfeln. Zwiebel und Knoblauch schälen und grob zerkleinern. Den Koriander waschen und trocken schütteln, die Blättchen abzupfen und hacken. 1 EL zum Garnieren beiseitelegen.

2 Tomaten, Zwiebel, Knoblauch und Koriander mit 250 ml Wasser und 1 kräftigen Prise Salz möglichst fein pürieren.

3 In einem Topf das Öl erhitzen. Die Fadennudeln einrühren und so lange bei mittlerer Hitze anbraten, bis sie leicht gebräunt sind. Mit Tomatenpüree und weiteren 250 ml Wasser ablöschen und die Suppe offen ca. 5 Min. köcheln lassen, bis die Nudeln bissfest sind. Dabei häufig durchrühren. Mit Salz und Chilipulver abschmecken.

4 Die Limettenhälfte auspressen. Die sämige Suppe auf Teller verteilen, mit dem beiseitegelegten Koriander garnieren und mit Limettensaft beträufelt servieren.

うるし塗
天然木

REISNUDELSALAT MIT RINDFLEISCH

200 g Rinderfilet
1 Stück frischer Ingwer (ca. 1 cm)
1 Knoblauchzehe
½ Limette
1 EL Zucker
2 EL Fischsauce
½ TL Sambal Oelek (nach Belieben mehr)
Salz
125 g Reisnudeln
4 Kopfsalatblätter
1 kleine rote Zwiebel
½ Baby-Ananas
5 Zweige Minze
5 Stängel Basilikum
5 Stängel Koriandergrün
40 g geröstete Erdnusskerne (gesalzen)
2 EL neutrales Öl

FÜR 2 PERSONEN
ZUBEREITUNGSZEIT:
35 MIN.
PRO PORTION
CA. 645 KCAL,
35 G E, 25 G F, 70 G KH

1 Das Fleisch in sehr dünne Scheiben schneiden. Große Scheiben nochmals halbieren. Ingwer und Knoblauch schälen und fein hacken. Aus der Limettenhälfte 1 EL Saft auspressen.

2 Den Zucker in einem kleinen Topf karamellisieren. 50 ml Wasser, Fischsauce und Limettensaft zugeben. Der Zucker wird dadurch zunächst hart, schmilzt aber gleich wieder. Die Sauce abkühlen lassen, dann Ingwer, Knoblauch und Sambal Oelek untermischen. Mit Salz abschmecken. 2 EL Sauce mit dem Fleisch vermengen.

3 Die Reisnudeln nach Packungsanweisung garen, kalt abschrecken und abtropfen lassen.

4 Inzwischen die Salatblätter waschen und trocken schütteln. Zwei Schalen damit auslegen. Die Zwiebel schälen, vierteln und in sehr feine Streifen schneiden. Mit etwas Salz mischen. Die Ananashälfte schälen, der Länge nach noch einmal halbieren und den harten Mittelstrunk entfernen. Das Fruchtfleisch in dünne Scheiben schneiden. Die Kräuter waschen und trocken schütteln. Die Blättchen etwas kleiner zupfen. Die Erdnüsse fein hacken.

5 Das Öl in einer Pfanne erhitzen. Das Fleisch darin bei starker Hitze unter Rühren 1–2 Min. braten, bis es rosa ist. Leicht salzen.

6 Die Nudeln auf den Salatblättern verteilen. Das Fleisch mit der Zwiebel mischen und daraufgeben. Mit Ananas und Kräutern belegen, mit Erdnüssen bestreuen und die Sauce darüberträufeln. Den Salat erst beim Essen durchmischen.

FRITTIERTE GLASNUDELN MIT CURRYGEMÜSE

3 Möhren (ca. 200 g)
200 g Brokkoli
1 Zwiebel
1 Knoblauchzehe
1 Stück frischer Ingwer (ca. 1 cm)
½ Zitrone
2 EL neutrales Öl
1 TL grüne Currypaste (ersatzweise rote Currypaste)
100 ml Gemüsebrühe
50 ml Kokosmilch (ersatzweise Sahne)
Salz
1 Prise Zucker
750 ml neutrales Öl zum Frittieren
100 g Glasnudeln

FÜR 2 PERSONEN
ZUBEREITUNGSZEIT:
35 MIN.
PRO PORTION
CA. 610 KCAL,
5 G E, 40 G F, 55 G KH

1 Die Möhren schälen und klein würfeln, den Brokkoli waschen, putzen und in Röschen teilen. Die Stiele schälen und knapp 1 cm groß würfeln. Zwiebel, Knoblauch und Ingwer schälen und fein würfeln. Aus der Zitronenhälfte 2 TL Saft auspressen.

2 In einem Topf oder Wok das Öl erhitzen und Möhren und Brokkoli darin unter Rühren ein paar Min. braten. Zwiebel, Knoblauch und Ingwer zugeben und kurz mitbraten. Die Currypaste unterrühren und 1–2 Min. anrösten. Das Gemüse mit Brühe, Kokosmilch und Zitronensaft ablöschen und mit Salz und Zucker würzen. Alles bei schwacher Hitze zugedeckt in ca. 10 Min. bissfest garen.

3 Inzwischen das Öl zum Frittieren in einem weiten Topf erhitzen. Um zu testen, ob es heiß genug ist, einen Holzlöffelstiel hineintauchen, an dem sofort viele kleine Bläschen aufsteigen sollten. Die Glasnudeln etwas auseinanderzupfen und in zwei Portionen so lange im heißen Öl frittieren, bis sie schneeweiß und dicker werden. Mit dem Schaumlöffel herausheben, gut abtropfen lassen und auf Schälchen verteilen. Das Currygemüse daraufgeben und die frittierten Nudeln sofort servieren.

CHINESISCHE TEIGTASCHEN

FÜR DIE TEIGTASCHEN:
150 g Mehl
1 Stück frischer Ingwer (ca. 1 cm)
½ Bund Schnittlauch
¼ Bund Koriandergrün
1 Frühlingszwiebel
½ Bio-Limette
150 g Schweinehackfleisch
2 TL Sesamöl
1 EL Sojasauce
Salz

FÜR DIE INGWER-ZITRONEN-BUTTER:
1 Stück frischer Ingwer (ca. 1 cm)
½ Bio-Zitrone
40 g Butter
Salz

AUSSERDEM:
Mehl zum Arbeiten

FÜR 2 PERSONEN
ZUBEREITUNGSZEIT:
1 STD. 15 MIN.
PRO PORTION
CA. 685 KCAL,
25 G E, 40 G F, 65 G KH

1 Für die Teigtaschen Mehl mit 75 ml lauwarmem Wasser zu einem glatten, geschmeidigen Teig verkneten. Den Teig in ein feuchtes Küchentuch hüllen und ca. 30 Min. bei Zimmertemperatur ruhen lassen.

2 Inzwischen den Ingwer schälen und fein reiben. Die Kräuter waschen und trocken schütteln. Schnittlauch in feine Röllchen schneiden, Korianderblättchen abzupfen und fein hacken. Die Frühlingszwiebel waschen, putzen und mit dem Grün ebenfalls fein hacken. Aus der Limettenhälfte 2 TL Saft auspressen. Alle vorbereiteten Zutaten mit Hackfleisch, Sesamöl und Sojasauce gründlich verkneten und mit Salz würzen.

3 Den Teig halbieren und jede Hälfte zu einer 2 cm dicken Rolle formen. Die Rollen in 2 cm lange Stücke schneiden, diese zu Kugeln formen und auf wenig Mehl zu dünnen Kreisen (ca. 6 cm ∅) ausrollen. Je 1 gestrichenen TL Füllung auf den Teigkreisen verteilen, die Kreise jeweils zu Halbmonden zusammenklappen und die Ränder festdrücken.

4 In einem Topf reichlich Salzwasser zum Kochen bringen. Die Teigtaschen darin bei mittlerer Hitze in ca. 4 Min. garen.

5 Währenddessen für die Ingwer-Zitronen-Butter den Ingwer schälen und erst in Scheiben, dann in feine Streifen schneiden. Die Zitronenhälfte heiß abwaschen und abtrocknen. Die Schale ohne das bittere Weiße dünn abschneiden und fein hacken. Die Butter in einem kleinen Topf zerlassen, den Ingwer und die Zitronenschale einrühren und alles leicht salzen.

6 Die Teigtaschen vorsichtig abgießen und abtropfen lassen. Auf Schälchen oder Teller verteilen, mit der Ingwer-Zitronen-Butter beträufeln und sofort servieren.

JAPANISCHE NUDELN MIT SESAMSPINAT

2 EL Sesam
2 EL Sojasauce
1 EL Sake (japanischer Reiswein)
2 EL Sesamöl
2 TL Zucker
Salz
400 g Blattspinat
200 g japanische Soba-Nudeln (Asienladen, ersatzweise Udon-Nudeln)

FÜR 2 PERSONEN
ZUBEREITUNGSZEIT:
25 MIN.
PRO PORTION
CA. 605 KCAL,
20 G E, 20 G F, 80 G KH

1 Den Sesam in einer Pfanne bei mittlerer Hitze unter Rühren rösten, bis er anfängt zu springen. Dann sofort in einen Mörser geben und so fein wie möglich zerdrücken. Sesam mit Sojasauce, Sake, Sesamöl und Zucker gründlich verrühren und mit Salz abschmecken.

2 Den Spinat verlesen und gründlich waschen, falls nötig mehrmals. Die Nudeln in reichlich kochendem Salzwasser nach Packungsanweisung bissfest garen. Inzwischen in einem zweiten Topf ebenfalls Salzwasser zum Kochen bringen und darin den Spinat 1–2 Min. sprudelnd kochen lassen, bis er zusammenfällt.

3 Die Nudeln abgießen und auf zwei Schalen verteilen. Den Spinat ebenfalls abgießen, sehr gut abtropfen lassen und auf die Nudeln geben. Alles mit Sesamsauce beträufeln und erst beim Essen durchmischen. Wer mag und kann, isst die Nudeln mit Stäbchen.

♥ NUDEL DICH SCHNELLER

Statt den Sesam selbst zu rösten und zu mörsern, kannst du auch Sesamsalz (Gomasio) kaufen und davon ca. 2 TL mit Sojasauce, Sake, Sesamöl und Zucker verrühren. Weiteres Salz weglassen.

SPEED REZEPT

INDISCHE MILCHNUDELN

1 grüne Kardamomkapsel
1½ EL Butter
50 g Fadennudeln (ersatzweise Spaghettini in kürzere Stücke brechen)
½ Zimtstange
375 ml Milch
1 EL Zucker
1 EL Rosinen
2 EL Mandelblättchen

AUSSERDEM:
½ TL Zimtpulver zum Bestäuben

FÜR 2 PERSONEN
ZUBEREITUNGSZEIT:
15 MIN.
PRO PORTION
CA. 435 KCAL,
10 G E, 25 G F, 40 G KH

1 Die Kardamomkapsel im Mörser andrücken. In einem Topf 1 EL Butter zerlassen und die Nudeln darin mit Zimt und Kardamom anbraten, bis sie leicht gebräunt sind. Die Milch angießen und den Zucker und die Rosinen unterrühren.

2 Alles bei schwacher Hitze ca. 10 Min. offen köcheln lassen, bis die Nudeln weich sind. Zwischendurch immer mal wieder umrühren, damit nichts anbrennt. Falls die Milch zu schnell verdampft, noch ein bisschen mehr Flüssigkeit zugeben.

3 Inzwischen die restliche Butter in einer kleinen Pfanne zerlassen. Die Mandelblättchen hineingeben und bei mittlerer Hitze unter häufigem Rühren goldgelb braten.

4 Die Milchnudeln auf Schälchen verteilen, mit Mandelblättchen bestreuen und mit Zimt bestäuben. Heiß oder lauwarm servieren.

❤ NUDEL DICH NOCH GLÜCKLICHER
Du willst es frisch und fruchtig? Dann serviere Mangoschnitze dazu.

ICH NUDEL MICH GLÜCKLICH!

PASTA & NOODLES FOREVER!

ABER WAS SEH ICH DA AUF DEM REGAL:
EINE PACKUNG NUDELN!
???
UND WAS MACH' ICH JETZT DAMIT?
ERST MAL KOCHEN NATÜRLICH.
DAZU NOCH ...
... EIN BISSCHEN KNOBLAUCH!
Mmmh!
DANN FETT KÄSE DRÜBER ...
... UND IN DER KOMBINATION ...
... SCHMECKT DAS EINFACH NUR:
WOW
!!!

REGISTER

A
Älplermagronen mit Birnenkompott 150
Apfel
  Blutwurst-Maultaschen mit Apfelkompott 146
  Cannelloni mit Nussfüllung 86
Aprikose: Nudel trifft Aprikose im Glas 94
Aubergine
  Aubergine mit Spaghettifüllung 124
  One-Pot-Pasta mit Auberginenragout 99
  Pasta Rolls mit Tomatensauce 62
Aubergine mit Spaghettifüllung 124

B
Bergkäse
  Käsespätzle 29
  Nudelsalat 26
  Nudel-Schinken-Kuchen 48
Birne: Älplermagronen mit Birnenkompott 150
Blumenkohl: One-Pot-Pasta mit scharfem Blumenkohl 116
Blutwurst-Maultaschen mit Apfelkompott 146
Bohnen
  Green Noodles 106
  Schwarze-Bohnen-Spaghetti mit Salsa 138
Bolognese, Ragù alla 16
Brown Noodles 141
Brühe, selbst gemacht: Nudelsuppe 24
Buchstabennudel-Taboulé 42
Buchweizen
  Brown Noodles 141
  Nudel trifft Aprikose im Glas 94
  Pizokel mit Gemüse 149
Burger, Ramen- 92

C
Caciocavallo: Aubergine mit Spaghettifüllung 124
Cannelloni mit Nussfüllung 86
Cannelloni mit Spinat-Ricotta-Füllung 22
Carbonara, Spaghetti alla 18
Chinesische Teigtaschen 180
Chorizo: Gemüsenudeln mit Chorizosugo 96

D
Dattel: Nudel trifft Dattel im Glas 111
Dreikäsehoch mit Rucola 74

E
Edamamenudeln mit Avocado-Ingwer-Pesto 130
Erbsen
  Erbsen-Schinken-Sahnesauce 21
  Nudel-Schinken-Kuchen 48
  Nudelsuppe 24
Erbsen-Schinken-Sahnesauce 21

F
Fettuccine alla Romana 154
Fisch
  Nudel trifft Thunfisch im Glas 126
  Nudelpaella Fideuà 160
  Nudelsalat mit Zitronenmascarpone und Lachs 54
  Nudelsuppe Ali Baba 168
  Rettichnudeln mit Fischbolo 114
Frittierte Glasnudeln mit Currygemüse 178
Fusilli mit Möhren-Kurkuma-Rahm 100

G
Garnelen
  Nudelpaella Fideuà 160
  Reisnudelkuchen mit Garnelen 118
  Süßkartoffelnudeln mit Korianderpesto 112
Gebratene Nudeln mit Tofu und Sesam 34
Gemüsenudeln
  Gemüsenudeln mit Chorizosugo 96
  Rettichnudeln mit Fischbolo 114
  Süßkartoffelnudeln mit Korianderpesto 112
  Zoodles mit Tomatensauce und Ricotta 77
Gemüsenudeln mit Chorizosugo 96
Glasnudeln, Frittierte, mit Currygemüse 178
Gorgonzola
  Dreikäsehoch mit Rucola 74
  Nudelnester auf Rucolasalat 83
  Pasta Rolls mit Tomatensauce 62
Green Noodles 106
Grünkohl: Muschelnudeln mit Grünkohl und Ricotta 46
Gruyère: Spaghettirösti mit Speck 40
Guanciale: Spaghetti alla carbonara 18

H
Hackschnecken mit Tomatencreme 80
Hühnerfleisch
  Fettuccine alla Romana 154
  Lasagnerollen mit Hühnerfüllung 78
  Ramen-Burger 92
Hummus: Nudelsuppenbowl 172

I
Indische Milchnudeln 184
Ingwer
  Chinesische Teigtaschen 180
  Edamamenudeln mit Avocado-Ingwer-Pesto 130
  Frittierte Glasnudeln mit Currygemüse 178
  Gebratene Nudeln mit Tofu und Sesam 34
  One-Pot-Pasta mit Auberginenragout 99
  Ramen-Burger 92
  Reisnudelsalat mit Rindfleisch 177
  Reisnudel-Spaghetti vongole 44
  Süßkartoffelnudeln mit Korianderpesto 112

J
Japanische Nudeln mit Sesamspinat 182
Joghurt
  Nudelsuppe Ali Baba 168
  Nudelsuppenbowl 172
  Türkische Nudeln mit Paprika und Joghurt 166
Juvetsi 163

K
Kakao
  Brown Noodles 141
  Kakao-Ravioli mit Ricotta 142
  Nudel-Kirsch-Auflauf 84
Kakao-Ravioli mit Ricotta 142
Kalbfleisch: Schwäbische Maultaschen 30

Kartoffeln
Älplermagronen mit Birnenkompott 150
One-Pot-Pasta mit Kartoffeln 133
Käsespätzle 29
Kichererbsen
Kichererbsen-Fusilli mit Paprika-Caprese 105
Nudelsuppenbowl 172
Kichererbsen-Fusilli mit Paprika-Caprese 105
Kirschen: Nudel-Kirsch-Auflauf 84
Kohl
Linsennudeln mit Paprikakraut 122
Muschelnudeln mit Grünkohl und Ricotta 46
Nudelstrudelrolle mit Kohl und Speck 72
Kompott
Älplermagronen mit Birnenkompott 150
Blutwurst-Maultaschen mit Apfelkompott 146
Kritharaki
Juvetsi 163
Nudelsuppe Ali Baba 168
Nudelsuppenbowl 172
Pastasotto mit Pilzen 108
Kuchen
Nudel-Schinken-Kuchen 48
Reisnudelkuchen mit Garnelen 118
Kürbis: Tortellinigratin mit Kürbisrahm 59

L
Lammfleisch
Juvetsi 163
Lasagne-Eintopf 38
Pasta mit würzigem Lammragout 170
Türkische Teigtaschen mit Lammfüllung 164
Lasagne-Eintopf 38
Lasagnerollen mit Hühnerfüllung 78
Lauwarmer Nudelsalat à la Caesar 69
Linsen
Fusilli mit Möhren-Kurkuma-Rahm 100
Linsennudeln mit Paprikakraut 122
Nudelsuppe Ali Baba 168
Linsennudeln mit Paprikakraut 122

M
Mac & Cheese 32
Maisnudeln mit Chili-Karamell-Tomaten 51
Malfatti al sugo di cinghiale 156
Mascarpone: Nudelsalat mit Zitronenmascarpone und Lachs 54
Maultaschen
Blutwurst-Maultaschen mit Apfelkompott 146
Schwäbische Maultaschen 30
Meatballs: Spicy Meatballs mit Spaghetti und Tomatensauce 66
Melone: Nudeln mit Schinken und Melonentatar 56
Milchnudeln, Indische 184
Möhren-Kurkuma-Rahm, Fusilli mit 100
Mozzarella
Kichererbsen-Fusilli mit Paprika-Caprese 105
Lasagne-Eintopf 38
Lasagnerollen mit Hühnerfüllung 78
Nudel trifft Aprikose im Glas 94
Nudelmuffins 121
Pasta Rolls mit Tomatensauce 62
Spaghetti-Pizza 102
Tortellinigratin mit Kürbisrahm 59
Muffins: Nudelmuffins 121
Muscheln: Reisnudel-Spaghetti vongole 44
Muschelnudeln mit Grünkohl und Ricotta 46

N
Nudel trifft Aprikose im Glas 94
Nudel trifft Dattel im Glas 111
Nudel trifft Thunfisch im Glas 126
Nudelauflauf aus der Tasse 70
Nudel-Kirsch-Auflauf 84
Nudelmuffins 121
Nudeln mit Schinken und Melonentatar 56
Nudeln selber machen 12
Nudelnester auf Rucolasalat 83
Nudelpaella Fideuà 160
Nudelsalat 26
Nudelsalat mit Zitronenmascarpone und Lachs 54
Nudelsalat, Lauwarmer, à la Caesar 69
Nudel-Schinken-Kuchen 48
Nudelstrudelrolle mit Kohl und Speck 72
Nudelsuppe 24
Nudelsuppe Ali Baba 168
Nudelsuppenbowl 172
Nüsse
Brown Noodles 141
Cannelloni mit Nussfüllung 86
Indische Milchnudeln 184
Kakao-Ravioli mit Ricotta 142
Red Wine Noodles 136
Reisnudelsalat mit Rindfleisch 177
Tagliatelletorte 158

O
One-Pot-Pasta mit Auberginenragout 99
One-Pot-Pasta mit Kartoffeln 133
One-Pot-Pasta mit scharfem Blumenkohl 116

P
Paella: Nudelpaella Fideuà 160
Pancetta
Lasagnerollen mit Hühnerfüllung 78
Ragù alla Bolognese 16
Paprika
Gebratene Nudeln mit Tofu und Sesam 34
Kichererbsen-Fusilli mit Paprika-Caprese 105
Linsennudeln mit Paprikakraut 122
Nudelpaella Fideuà 160
Nudel-Schinken-Kuchen 48
Nudelsuppenbowl 172
Pizokel mit Gemüse 149
Türkische Nudeln mit Paprika und Joghurt 166
Pasta mit würzigem Lammragout 170
Pasta Rolls mit Tomatensauce 62
Pastasotto mit Pilzen 108
Pecorino: Spaghetti alla carbonara 18
Pesto
Edamamenudeln mit Avocado-Ingwer-Pesto 130
Green Noodles 106
Süßkartoffelnudeln mit Korianderpesto 112
Pilze
Brown Noodles 141
Fettuccine alla Romana 154
Nudelnester auf Rucolasalat 83
Pastasotto mit Pilzen 108
Pink Noodles 90
Pizokel mit Gemüse 149

Pizza, Spaghetti- 102
Provolone: One-Pot-Pasta mit Kartoffeln 133
Puffer: Spaghettipuffer mit Tomatentatar 128

Q

Quark
- Cannelloni mit Nussfüllung 86
- Nudel-Schinken-Kuchen 48
- Nudelstrudelrolle mit Kohl, Quark und Speck 72

R

Ragù alla Bolognese 16
Ramen-Burger 92
Ravioli: Kakao-Ravioli mit Ricotta 142
Red Wine Noodles 136
Reisnudelkuchen mit Garnelen 118
Reisnudelsalat mit Rindfleisch 177
Reisnudel-Spaghetti vongole 44
Rettichnudeln mit Fischbolo 114
Ricotta
- Cannelloni mit Spinat-Ricotta-Füllung 22
- Dreikäsehoch mit Rucola 74
- Kakao-Ravioli mit Ricotta 142
- Lasagnerollen mit Hühnerfüllung 78
- Muschelnudeln mit Grünkohl und Ricotta 46
- Nudelauflauf aus der Tasse 70
- Nudelmuffins 121
- Zoodles mit Tomatensauce und Ricotta 77

Rindfleisch
- Hackschnecken mit Tomatencreme 80
- Nudelsuppe 24
- Ragù alla Bolognese 16
- Reisnudelsalat mit Rindfleisch 177
- Schwäbische Maultaschen 30
- Spicy Meatballs mit Spaghetti und Tomatensauce 66

Rösti: Spaghettirösti mit Speck 40
Rote Bete: Pink Noodles 90

S

Salsa: Schwarze-Bohnen-Spaghetti mit Salsa 138
Sardellen
- Lauwarmer Nudelsalat à la Caesar 69
- Spaghetti mit pikanter Sardellensauce 152

Sauerkraut: Spätzle mit Rahmsauerkraut 52
Schafskäse
- Juvetsi 163
- Linsennudeln mit Paprikakraut 122
- Türkische Nudeln mit Paprika und Joghurt 166

Schinken
- Erbsen-Schinken-Sahnesauce 21
- Nudeln mit Schinken und Melonentatar 56
- Nudelsalat 26
- Nudel-Schinken-Kuchen 48
- Pasta Roll mit Tomatensauce 62
- Spaghetti-Pizza 102

Schokolade: Tagliatelletorte 158
Schwäbische Maultaschen 30
Schwarze-Bohnen-Spaghetti mit Salsa 138
Schweinefleisch
- Chinesische Teigtaschen 180
- Ragù alla Bolognese 16
- Schwäbische Maultaschen 30

Sesam
- Gebratene Nudeln mit Tofu und Sesam 34
- Japanische Nudeln mit Sesamspinat 182

Shirataki-Spaghetti 11
Soba-Nudeln: Japanische Nudeln mit Sesamspinat 182
Sopa de fideos 174
Spaghetti alla carbonara 18
Spaghetti mit pikanter Sardellensauce 152
Spaghetti-Pizza 102
Spaghettipuffer mit Tomatentatar 128
Spaghettirösti mit Speck 40
Spaghettiwürstchen 60
Spätzle mit Rahmsauerkraut 52
Speck
- Lauwarmer Nudelsalat à la Caesar 69
- Nudelstrudelrolle mit Kohl, Quark und Speck 72
- Ragù alla bolognese 16
- Schwäbische Maultaschen 30
- Spaghetti alla carbonara 18
- Spaghettirösti mit Speck 40
- Spätzle mit Rahmsauerkraut 52

Spicy Meatballs mit Spaghetti und Tomatensauce 66
Spinat
- Cannelloni mit Spinat-Ricotta-Füllung 22
- Green Noodles 106
- Japanische Nudeln mit Sesamspinat 182
- Reisnudelkuchen mit Garnelen 118
- Schwäbische Maultaschen 30

Strudel: Nudelstrudelrolle mit Kohl, Quark und Speck 72
Süßkartoffelnudeln mit Korianderpesto 112

T

Taboulé, Buchstabennudel- 42
Tagliatelletorte 158
Tatar
- Nudeln mit Schinken und Melonentatar 56
- Spaghettipuffer mit Tomatentatar 128

Teigtaschen, Chinesische 180
Thunfisch: Nudel trifft Thunfisch im Glas 126
Tofu
- Gebratene Nudeln mit Tofu und Sesam 34
- Nudel trifft Dattel im Glas 111

Tomatencreme, Hackschnecken mit 80
Torte: Tagliatelletorte 158
Tortellinigratin mit Kürbisrahm 59
Türkische Nudeln mit Paprika und Joghurt 166
Türkische Teigtaschen mit Lammfüllung 164

W

Wildschweinfleisch: Malfatti al sugo di cinghiale 156
Würstchen: Spaghettiwürstchen 60

Z

Ziegenfrischkäse: Maisnudeln mit Chili-Karamell-Tomaten 51
Zoodles mit Tomatensauce und Ricotta 77
Zucchini
- Nudel-Schinken-Kuchen 48
- Nudelsuppenbowl 172
- Pizokel mit Gemüse 149
- Spaghettiwürstchen 60
- Zoodles mit Tomatensauce und Ricotta 77

Appetit auf mehr?

ISBN 978-3-8338-5334-0

ISBN 978-3-8338-3436-3

ISBN 978-3-8338-2260-5

ISBN 978-3-8338-4430-0

ISBN 978-3-8338-5889-5

ISBN 978-3-8338-5105-6

Alle hier vorgestellten Bücher
sind auch als eBook erhältlich.

Mehr von GU auf **www.gu.de** und
facebook.com/gu.verlag

G|U
Willkommen im Leben.

DIE AUTORIN

Cornelia Schinharl hat ihre Liebe zu Essen und Trinken zum Beruf gemacht. Seit vielen Jahren bringt sie ihren reichen Erfahrungsschatz als freie Food-Journalistin und Kochbuchautorin zu Papier und hat für ihre Bücher schon zahlreiche Auszeichnungen bekommen. Für dieses Buch hat sie sich mal wieder um eines ihrer Lieblingsthemen kümmern dürfen und Pastarezepte gesammelt und entwickelt, die einfach wunderbar schmecken und rundum glücklich und zufrieden machen.

DIE FOTOGRAFIN

Shabnam Shameli ist Kunsthistorikerin aus München, die ihre Leidenschaft, die Food-Fotografie, fand, als sie sich intensiv mit ihrer eigenen Ernährung befasste. Seit 2015 teilt sie ihre gesunden, veganen Rezepte und bunten Foodfotos auf ihrem erfolgreichen Blog »The Hungry Warrior« (www.thehungrywarrior.de) und den Social-Media-Kanälen Instagram und Facebook. 2017 hat sie sich als Food-Fotografin, Stylistin und freie Redakteurin selbstständig gemacht. Mit ihrem Team **Kathrin Klara Salzwedel (Foodstyling)** und **Christian Rebo (Editor/ Postproduktion)** kochte, stylte und fotografierte sie die Rezepte dieses Kochbuchs. Ihr farbenfroher Stil zeichnet sich durch einen Mix aus skandinavischem Minimalismus, weiblicher Verspieltheit und einer extragroßen Portion »Yummy« aus, der sich auch in diesem Kochbuch widerspiegelt.

Syndication: www.seasons.agency
Bildnachweis: Foto Rückseite Umschlag und S. 14: Stocksy; Peoplefotografie: Stefan Hobmaier; alle anderen: Shabnam Shameli
Konzept und Projektleitung: Jessica Kleppel, Alessandra Redies
Texte S. 64/65, 134/135 und 186/187: Alessandra Redies
Lektorat: Christin Geweke
Korrektorat: Waltraud Schmidt
Umschlaggestaltung: independent-Medien-Design, Horst Moser, München
Innenlayout und Typografie: kral & kral design, München
Herstellung: Renate Hutt
Satz: Christopher Hammond
Reproduktion: medienprinzen GmbH, München
Druck: Firmengruppe APPL, aprinta druck, Wemding
Bindung: Conzella, Pfarrkirchen
Printed in Germany
Umwelthinweis: Dieses Buch ist auf PEFC-zertifiziertem Papier aus nachhaltiger Waldwirtschaft gedruckt.

1. Auflage 2018

978-3-8338-6458-2

QUALITÄTS G|U GARANTIE

DIE GU-QUALITÄTS-GARANTIE

Wir möchten Ihnen mit den Informationen und Anregungen in diesem Buch das Leben erleichtern und Sie inspirieren, Neues auszuprobieren. Alle Informationen werden von unseren Autoren gewissenhaft erstellt und von unseren Redakteuren sorgfältig ausgewählt und mehrfach geprüft. Deshalb bieten wir Ihnen eine 100%ige Qualitätsgarantie. Sollten wir mit diesem Buch Ihre Erwartungen nicht erfüllen, lassen Sie es uns bitte wissen! Wir tauschen Ihr Buch jederzeit gegen ein gleichwertiges zum gleichen oder ähnlichen Thema um. Wir freuen uns auf Ihre Rückmeldung, auf Lob, Kritik und Anregungen, damit wir für Sie immer besser werden können.

GRÄFE UND UNZER Verlag
Leserservice
Postfach 86 03 13
81630 München
E-Mail:
leserservice@graefe-und-unzer.de

Telefon: 00800 / 72 37 33 33*
Telefax: 00800 / 50 12 05 44*
Mo–Do: 9.00 – 17.00 Uhr
Fr: 9.00 – 16.00 Uhr
(gebührenfrei in D, A, CH)*

Ihr GRÄFE UND UNZER Verlag
Der erste Ratgeberverlag – seit 1722.

KV

GRÄFE UND UNZER

Ein Unternehmen der
GANSKE VERLAGSGRUPPE

www.facebook.com/gu.verlag